笑談大晉
百年史

從奢靡王朝到衣冠南渡
一個時代的壯麗與悲涼

覃仕勇 著

門閥興衰　南北對峙　清談浮風　荒唐帝王

兩晉舊夢，亂世浮華與遺恨

白痴皇帝、清談名士、異族入侵、五胡亂華⋯⋯
從篡位自立到衣冠南渡，百年之間的風流與血淚！

目錄

前言

第一章　西晉的崩潰

西晉初期上層社會的奢靡生活：鬥富　　　　　　　　　　　010

篡位自立，終結亂世，卻是少有的仁君　　　　　　　　　014

晉惠帝智商低，但有四大理由，晉武帝傳帝位給他　　　　016

白痴皇帝的這些表現足讓許多「聰明人」汗顏　　　　　　021

「嘴炮」們大行其是的時代，王朝在清談中步入沒落　　　023

第二章　亂世來臨

劉備的乾孫子燸天稱帝，開啟一個大時代　　　　　　　　030

崛起於草根，做過盜馬賊，創一代帝業　　　　　　　　　034

因為愛，皇帝把寵妃賜給了俘虜　　　　　　　　　　　　041

此女連當兩國皇后，貶損前任、盛讚現任　　　　　　　　043

第三章　東晉立國

諺語「王與馬，共天下」是怎麼來的？看過這段，什麼都明白了　　048

門閥時代來臨　　　　　　　　　　　　　　　　　　　　054

匈奴人冒姓建漢，江南也有人冒姓建漢　　　　　　　　　058

目錄

兩晉最英明神武的帝王，可惜命太短　　　　　　　　　　061

此人老不正經，騙婚騙色？墓誌出土，謠言自破　　　　　064

此人一曲驚散十萬兵　　　　　　　　　　　　　　　　066

劉琨流芳千古，他與石敬瑭、吳三桂區別所在　　　　　　070

第四章　半壁河山

祖逖是百年難遇的良將，為何不能取得北伐勝利？　　　　076

「我不殺伯仁，伯仁因我死」的典故出處，故事讓人唏噓感慨　079

此人被迫起兵造反，只因酒後上戰場逞勇，大業泡湯　　　087

說說兩晉年間那幾個輔佐異族的漢人　　　　　　　　　　093

大英雄桓溫崛起於復仇之路　　　　　　　　　　　　　　100

開國君主之子，歷事七朝，帝位突然傳回給他　　　　　　102

第五章　謝氏風流

東晉望族謝家能崛起全賴這一人　　　　　　　　　　　　108

大帥哥撩妹，被剛烈女用梭子擊落了兩顆大門牙　　　　　111

桓溫發展勢力的最大障礙：謝尚　　　　　　　　　　　　114

謝萬才幹和器量皆優，但謝安要經常在後面幫他擦屁股　　120

少年謝安風宇條暢，海內仰慕　　　　　　　　　　　　　124

東晉的名士風采，說說謝安的那些朋友　　　　　　　　　129

王羲之的〈蘭亭集序〉被稱為「書文雙絕」，那麼蘭亭聚會的盛況如何呢？　133

謝安有鼻炎，名流卻爭相仰慕和效仿　　　　　　　　　　136

謝家的芝蘭玉樹滿庭芳，千載而下，羨煞無數人	139
「安石不出，將如蒼生何」？為了蒼生，謝安終於出山了	145

第六章　十六國風雲

東晉皇帝為何被譏為「白版天子」？傳國玉璽丟失，現已無蹤	152
此開國皇帝武力無雙，醉酒上戰場，出現滑稽一幕	155
這個皇帝喜歡在朝臣面前秀父愛，結果悲催了	158
此人武藝超群，無人能敵，憾死於連環馬陣	162
這個暴君首次做媒，哪知被做媒的雙方是兄妹	167

第七章　大戰前後

東晉是怎樣在淝水之戰以八萬人戰勝百萬敵人的？	174
前線危機，王羲之和謝安只知飲酒作樂？	180
史上最大器晚成的皇帝，建國軌跡詭異離奇	183
彪悍皇后，親自上陣搏殺，被俘受辱，寧死不屈	190
以步制騎的大英雄篡晉建宋	193
因為東晉王朝少了一樣東西，致使南北朝有了孰是正統之爭	196
說說兩晉的帝王們	199
李世民積極參與修撰《晉書》，其中的原因您想不到	206

第八章　考古釋疑

晉朝高僧法顯──玄奘的偶像	212
「仰天長嘯」是朝天吹口哨？	219

005

目錄

嵇康死前悲嘆〈廣陵散〉成絕響，為何〈廣陵散〉現在仍在世間流傳？	224
潘安古屍容貌復原了嗎？專家說是，卻疑點重重	227
月下清嘯退敵的大英雄，其墓室竟如此簡陋	234
此地村民有金髮黃鬍子特徵，祖上是燕國鮮卑慕容氏	236
〈平復帖〉真的是陸機的作品嗎？	239
西晉章草書法家索靖所寫〈出師頌〉在拍賣場上引發的軒然大波	246
〈蘭亭集序〉——王羲之作品之說存疑，一墓碑出土，爭論又起	251

前言

晉朝上承三國，下啟南北朝，分為西晉與東晉兩個時期。

兩晉共傳十五帝，享國一百五十五年。

其中西晉為中國古代歷史上九個大一統朝代之一。

以此看來，晉朝在中國古代歷史上所占的比重可不小。

但是，西晉的國祚只有五十一年，而若從滅東吳的時間點算起，時間更短，僅有三十七年，存在感並不強。

存在感不強就算了，很多史學家治史，論及西晉，都會毫不留情面地指出一個冰冷、殘酷的事實：在西晉之前，包括三國時期，異族無不為華夏所服；而自西晉之後，出現了華夏被異族所服的現象。

所以，有人說：西晉王朝，就是中國由盛轉衰、由強轉弱的分界點。

根據這一觀點往細部看，經過南北朝的長時間對峙，最終南陳被隋楊所滅，而隋楊之政承自北周，北周襲自西魏，西魏來自北魏。

實際上，就是南朝滅亡於北朝。

由隋入唐，唐朝的武功貌似超佚漢代，但漢征匈奴，全憑漢人發力；唐守四方，多倚仗於蕃兵蕃將。唐衰沙陀入據中原之後，契丹、党項、女真、蒙古、滿洲，紛紛入據，其中蒙古和滿州更是據有全中國政權。

因此，偏激一點的史學家，會認為五胡亂華的流禍所及，長達一千六百多年！

按照中國歷史通常的分法，是從西元四二〇年劉裕代東晉建立劉宋

前言

算起，到西元五八九年隋滅陳這長達一百六十九年時間，被稱為南北朝時期。

但是，有一種觀點，即把西元三一六年晉愍帝受辱被殺視為晉王朝結束，而將西元三一七年晉元帝在建康稱帝這一時間點視為南北朝時期的起點，認為南北朝時間共為二百七十三年，即南北朝中的南朝，共有晉、宋、齊、梁、陳五個政權。

不得不說，這一種分法也是很有道理的。

但東晉和西晉的統治者都來自司馬氏，都是司馬懿的子孫，論及司馬晉，就應該以一脈相承的觀點來進行系統述說，而不應該割裂分述，所以，本書將兩晉歸併在了一起。

這一點，與北宋、南宋頗為相似 —— 其實，南宋與金國對峙的一百多年時間，也何嘗不是另一個「南北朝時期」？

當然，東晉更加不如南宋，其國祚雖有一百多年，但苦守江南半壁，風雨飄搖，外有異族強敵覬覦，內有權臣跋扈，受盡窩囊氣，國不像國，朝不像朝。

但東晉對歷史的貢獻也是可以看得到的：西晉滅亡，衣冠南渡，中原漢人南下，極大地促進了南方的大發展，中國經濟中心逐漸南移，江南地區更是得以全面開發，從而繁榮興盛。

也因為東晉世家大族學術興盛，哲學、文學、藝術、史學、科學、技術等方面都有新的發展，中國文化儒釋道的融合，也主要發生在東晉一朝。

第一章
西晉的崩潰

第一章　西晉的崩潰

西晉初期上層社會的奢靡生活：鬥富

石崇鬥富，是歷史上非常有趣的話題。

老實說，炫耀的心理，人人都有，只不過，有些人比較克制，盡量低調；有些人愛炫耀，特別張揚。

石崇屬於後者。

家裡富可敵國，藏也藏不住，不如痛痛快快誇耀一番，饞死你！但話說回來，那時整個上層階級都沉浸於奢靡享樂之中，炫富和鬥富已經是一種時尚了，就連皇帝司馬炎都參與進來了，也不能全怪石崇。

晉武帝司馬炎為什麼也支持和提倡這種活動呢？彼時，三國歸一，宇內大統，整個朝廷，從皇帝到各色文武官員，都認為四海昇平，該享樂了。

司馬炎本人還有一種想法，是希望全國上下都安於享樂，那麼大晉江山就可以千秋萬代了。

當時，他下詔將全國各州郡（除了邊境地區以外）的軍隊全部解散，只以在大城市保留一百人，小城市保留五十人的兵力維持治安。

然後，他帶頭享樂，在後宮蓄養了上萬美女。

他每晚躺在一輛車上，由八隻羊來拉，羊兒在宮中漫遊，停在哪個美女的門前，該晚就寵幸哪個美女。

司馬炎專事享樂，懶於政事，臣子便上行下效，文恬武嬉，奢侈之風大起。

大富豪石崇便是其中享樂炫富最明顯的。

石崇於元康初年出京為南中郎將、荊州刺史、鎮南蠻校尉加鷹揚將軍，對路過荊州的商人進行明火執仗式的搶劫，由此富甲天下。

石崇是怎麼享樂和炫富的呢？他在河陽金谷縣的一塊風水寶地上築園建館，號「金谷園」，園內富麗堂皇，處處飾以珍珠、瑪瑙、琥珀犀角、象牙等物，金碧輝煌，宛如神宮仙殿。

在這座仙殿裡，拉泡屎都能享受到神仙級別的服務──廁所不但修建得美輪美奐，四周陳設著絳色蚊帳、墊子、褥子等物，準備有各種的香水、香膏以供人洗手、塗臉。

更有十多個衣著光鮮的豔麗婢女手捧香袋列隊恭立，侍候著如廁者，幫如廁者淨臀和換衣服。

拉屎都已經這樣奢華，宴飲就更不用提了──除了每餐備有形形色色的珍饈美酒，還有數十個豔姬陪吃。

石崇設宴招待賓客，有一條殘酷的規矩：侍立在每位賓客旁邊的豔姬在勸酒時，一旦賓客杯中的酒沒喝盡，就立即把勸酒的美人斬殺。

晉武帝司馬炎的女婿、任給事黃門侍郎的王敦對石崇這條規矩半信半疑，故意不喝。

結果石崇就當著他的面，連殺了三名豔姬。

在座的人看事情鬧大了，都勸王敦把酒乾了，這事才算完。

石崇的囂張激怒了司馬炎的舅父王愷。

王愷家世顯赫，祖上好幾輩人做官，不信幾代人累積起來的財富比不上石崇這個暴發戶，於是和石崇鬥富，也在家中大擺酒宴，讓上百美女彈曲唱歌助興，只要有一個美女唱錯或彈錯一個音符，立即當場放血。

第一章　西晉的崩潰

　　為了讓石崇自慚形穢，王愷還故意當著客人的面，讓家裡的廚師用麥芽、穀芽做成的糖水洗鍋。

　　石崇忍俊不禁，說：「糖水洗鍋有啥了不起？我家以後用蠟燭來煮飯做菜！」王愷一聽，洩氣了。

　　用蠟燭代替柴火來煮飯做菜，成本實在太高，而且，自己家裡一時也找不到這麼多蠟燭。

　　但是，不能輸。

　　他換了個比賽方式：讓人做了兩匹長達四十里的紫色絲布，自己帶領全家老少一起到郊外遊玩，沿路就讓人把絲布抖摟出來，做成兩面「步障」，自己一家人在「步障」裡面行走。

　　石崇哈哈大笑，命人連夜加工，趕製出了兩匹長達五十里的五彩錦緞。

　　次日，也讓人拉成「步障」，自己帶著幾百名姬妾在裡面來回行走，把王愷的四十里絲布徹底比了下去。

　　王愷來了個狠的，讓人把家裡的香料搬出來刷牆，把自家的房屋上上下下粉刷一遍，方圓幾十里都一片芳香。

　　石崇不屑一顧，讓人用從海外進口的赤石脂來刷房子。

　　到了夜晚，房子發出的燦爛光華，亮徹了半個洛陽城。

　　人活一口氣，佛爭一炷香。

　　王愷決定向外甥晉武帝司馬炎求援。

　　司馬炎聽說舅父被石崇鬥敗，也不服氣，讓人抬出自己的鎮宮之寶借給舅父。

司馬炎的鎮宮之寶是一株兩尺來高的海底珊瑚樹，枝條繁茂，散發著寶石的光澤，世所罕見。

王愷見了此寶，眼珠子差點掉了下來，久久回不過神，最後鼓掌喝采道：「此寶一出，石崇必敗。」

寶物抬回到家，擺在客廳中間，命人去請石崇來家裡長長見識。

石崇來了，見了珊瑚樹，看了看王愷，二話不說，揮起手中的鐵如意對著珊瑚樹劈里啪啦一通亂砸，砸碎了一地。

王愷急得直跳腳，指著石崇的鼻子說：「你是不是看見自己沒有的東西就要砸？你賠我，你賠我，看你怎麼賠我？！」石崇看著王愷氣急敗壞的樣子，仰天大笑，說：「賠你賠你，毀一賠十，我賠你十棵更高更大更漂亮的！來人，把家裡的珊瑚樹都抬出來！」石崇這一聲喝，下人就忙碌起來了，沒多久，王愷家的大廳裡就擺上了十棵全在三尺四尺以上的珊瑚樹，樹幹粗大，枝條高舉，光耀奪目，滿堂生輝。

「完了！」王愷內心哀哀地叫了一聲，癱軟倒地。

司馬炎知道了這一結果，大為掃興。

但是，他還有一件西域人進貢的由火浣布製成的衣衫，自信天下沒有第二件，決定親自出馬，穿這件衣服到石崇家裡殺殺他的威風。

司馬炎華麗麗地出現在石崇家，不斷抻衣揮袖，著意顯耀身上的衣衫。

石崇終於弄明白了他的來意，嘿嘿冷笑，附在管家耳邊說了幾句話。

很快，後堂就出來了五十名家奴，身上穿著和司馬炎一模一樣的火浣衫！

第一章　西晉的崩潰

司馬炎的臉紅一陣、青一陣，灰溜溜地走了。

石崇也因此成了歷史上鬥富名氣最高的勝利者！但是，如此張揚高調的鬥富，也為他的死亡留下了禍根。

而司馬炎如此身體力行地引導奢靡之風，也使全朝野籠罩在狂迷放縱的氣氛之下，「侈汰之害，甚於天災」，即西晉衰亡的徵兆，已初露端倪。

篡位自立，終結亂世，卻是少有的仁君

說起晉朝開國之君晉武帝司馬炎，如果不是細讀歷史的人，單憑司馬炎篡魏及吞併吳蜀的功業印象，會認定這是一個強橫跋扈之主。

但和其他開國君主相比，司馬炎絕對稱得上仁君。

比如說，司馬炎雖然篡魏自立，卻沒有殺魏帝曹奐，而是封其為陳留王，並且准許他用皇帝儀仗，上書時不必稱臣。

此舉在中國古代歷史上是獨一無二的。

另外，蜀漢後主劉禪投降被封為安樂公，吳主孫皓投降被封為歸命侯，也都得善終。

司馬炎和身邊大臣相處，也非常隨和。

就算有大臣說他的壞話，或者拿他開玩笑，他也是一笑了之。

舉幾個例子吧。

山陽人滿奮長得高大魁梧，卻弱不禁風，受不得風吹。

有次，他坐在司馬炎旁邊，看到北邊窗戶上豎有一屏風——屏風本

身是不透風的，但因為本身質地的緣故，看起來有疏漏通風的感覺。

滿奮坐立不安，打寒戰、畏冷。

司馬炎莫名其妙，問他卻是為何。

滿奮哆嗦著說：「臣猶吳牛，見月而喘。」滿奮在這裡說的「吳牛喘月」，指的是產於江淮一帶的水牛，不耐熱，看到月亮就以為是太陽，會臥倒在爛汙泥裡，望著月亮大口大口地喘氣。

滿奮以之作喻，司馬炎明白過來，哈哈大笑，立刻讓人換上了一塊新屏風。

又，魏征東大將軍諸葛誕被司馬家族所害，其子諸葛靚拒絕仕晉。

司馬炎和諸葛靚是兒時好友，登帝位後，封諸葛靚為大司馬。

諸葛靚不肯應詔，常背洛水而坐。

司馬炎思念舊日交情，很想見他，但是沒有合適的理由，就讓諸葛靚的姐姐諸葛妃宴請諸葛靚，自己再到諸葛妃家，裝作是一場邂逅。

他見了諸葛靚，情深款款地問道：「你還記得我們小時候的友誼嗎？」諸葛靚一扭頭，恨恨地答：「我因為不能像大刺客豫讓一樣吞炭漆身，所以才在今天又見到您。」隨即淚流不止。

司馬炎聽了，羞慚不已，起身離去。

諸葛靚的話，其實是很重的了，要學豫讓吞炭漆身，那就是要殺人的意思了。

但司馬炎只是引以為疚，羞慚而去，真是仁厚之君。

晚清文史學家李慈銘因此在《越縵堂日記》中稱讚說：「晉武帝純孝性成，三代以下不多得。」

第一章　西晉的崩潰

說過了晉武帝司馬炎，接著說說他的寶貝兒子晉惠帝司馬衷。

千年以來，大家都罵司馬衷智商不行，愚蠢。

王夫之就老實不客氣地罵：「惠帝之愚，古今無匹，國因以亡。」

事實上，司馬炎也知道這個兒子資質愚笨，但總希望他好。

汝南人和嶠是司馬炎身邊的重臣，歷任太子舍人、潁川太守、給事黃門侍郎、中書令等職。

某日，司馬炎對和嶠說：「太子近來似乎有所長進，你可以去看看。」

和嶠半信半疑，去考察了一番，回來後直接對司馬炎說：「太子的資質和從前一樣，沒有任何改變。」

司馬炎哭笑不得。

晉惠帝智商低，但有四大理由，晉武帝傳帝位給他

西晉王朝是一個虎頭蛇尾的王朝。

司馬懿、司馬師、司馬昭、司馬炎三代四人精心運作，篡朝代魏，並吞併了蜀漢、孫吳兩國，結束了東漢傾覆後的大混亂，建立起了西晉大一統王朝。

但是，西晉享國時間只有五十一年，隨後，爆發八王之亂，出現了五胡十六國局面，大量百姓與世族開始南渡，南北朝長期分裂、互相對峙。

西晉王朝的早亡，跟西晉第二代帝王惠帝司馬衷的智商不無關係。

司馬衷是晉武帝司馬炎和皇后楊豔所生的二兒子，很早就被冊封為太子。

為什麼不立大兒子而立二兒子為太子呢？原因很簡單：司馬炎與楊豔所生的大兒子司馬軌早已夭折。

司馬炎共有二十六個兒子，其他都好，唯獨司馬衷是個智障。

司馬炎之所以把太子之位傳給司馬衷，除了《周禮》上說的「傳嫡不傳庶，傳長不傳賢」那一套外，主要是楊豔的堅持。

實際上，楊豔所生除了司馬軌、司馬衷，還有一個司馬柬。

這個司馬柬相貌出眾，智力超常。

如果單論太子位必出於自己親生子的這一份私心，楊豔其實完全可以建議丈夫把太子位傳給司馬柬的。

但是，女人普遍有一個弱點──喜歡感情用事。

楊豔對司馬衷天生腦殘這一缺陷視為自己的責任，有強烈的負疚感，就一心想著要把最好的留給這個傻兒子，以此來做補償。

司馬炎雖然較為理智，但他少年時有過一段印象深刻的灰色記憶：他是司馬昭的長子，但司馬昭的功業是從兄長司馬師那兒接替來的，為了報恩，司馬昭一度想把晉王之位傳給已經過繼為司馬師之子的二兒子來繼承。

最終，是大臣賈充等人力勸，司馬昭才改變了初衷，這才有他司馬炎的今天。

所以，司馬炎總覺得現在的司馬衷就是昨天的自己。

他想，我小時候智商也不高，也不受父親待見，但權力過渡好了，不也照樣坐擁天下？

第一章　西晉的崩潰

因此，不管群臣怎麼勸諫，司馬炎夫妻堅決在司馬衷九歲那年冊封他為太子。

為了彌補司馬衷智商的先天不足，夫妻倆為兒子請了最好的老師——尚書令衛瓘。

衛瓘是儒學大師，不是醫學大師，醫治不了腦袋疾病，無論他怎麼教授，司馬衷的智商還是沒什麼提高。

成年後的司馬衷鬧出過許多笑話，被記載在史冊。

身為老師，衛瓘覺得無地自容。

在司馬炎的一次家宴上，衛瓘趁著三分酒意，撫摸著司馬炎的龍椅，喃喃地重複著一句話，說：「這張龍椅太⋯⋯太可惜了！」

司馬炎知道他想表達什麼，有幾分不悅，卻不便發作，假裝糊塗地揮手說：「老先生醉了，老先生醉了，來人，把老先生扶下去歇了吧。」

衛瓘的委婉勸告不發揮作用，以耿直著稱的尚書和嶠就直言相告，對司馬炎說：「皇太子為人厚道老實，但世事紛擾，他是擔任不了國家大事的。」

司馬炎的心事被戳中，蔫蔫地，說不出話。

司馬炎身為開國之主，真不敢把國家大事視如兒戲，回頭找楊豔商量。

而等他把改立太子的意思表達出來，楊豔馬上一蹦三尺高，大罵司馬炎是個兩面三刀、出爾反爾的小人，說他要改立太子，就是坑害兒子，人面獸心，禽獸不如！司馬炎噤若寒蟬，不敢再提改立太子之事。

為了兒子司馬衷以後可以穩坐江山，司馬炎又思索出一個辦法，想讓兒子迎娶衛瓘的女兒。

前面說了，衛瓘是出了名的智叟，他一家上上下下的智商都很高，如果

和衛瓘結成親家，不但可以改善司馬衷後代的基因，而大晉江山，也會得到衛家的傾力扶持。

但是楊豔心中的太子妃人選卻另有其人。

楊豔和大臣賈充的老婆郭槐關係很好，是閨中密友，又收受了郭槐賄賂的奇珍異寶，想迎娶郭槐的女兒為兒媳。

前面也說了，司馬炎能成為天下之主，與賈充的死力擁戴有很大關係。

一方面對賈家心懷感激，一方面是老婆喋喋不休的規勸，最終，賈充的長女賈南風被迎娶進宮。

賈南風很醜，除了長得黑矮肥胖外，臉上還有一記長著毛的大青痣，非常嚇人。

醜就算了，關鍵是陰狠毒辣，到了宮中，飛揚跋扈，製造出許多殺人慘案。

賈南風入宮後的第三年，皇后楊豔病逝，臨死前，擔心傻兒子的太子位置被別人奪了，要求丈夫繼娶自己的堂妹楊芷為皇后。

楊豔死，楊芷成了新一任皇后。

楊芷謹遵姐姐遺訓，不但百般愛護傻太子，連對傻太子的老婆賈南風也是呵護有加。

但司馬炎耳邊少了楊豔那唐僧唸咒式的絮叨後，腦筋也漸漸清醒，覺得把偌大一份家業留給傻兒子有點懸，決定試一把。

他找了個時間，把太子東宮裡的大小官屬都招至皇宮內宴飲賜酒，然後揀了幾件還沒有處理過的公文用大信封密封好，派人送給傻太子斷決。

他特意叮囑送公文的使臣就在東宮門外等太子的檔案批覆。

第一章　西晉的崩潰

　　如果傻太子身邊不是多了一個賈南風，這場考核將以交白卷收場。

　　醜婆娘賈南風的智商是正常的，她清楚這場考核關係到帝位的繼承，趕緊派人到府外高薪聘請槍手。

　　槍手有意誇耀自己的才學，旁徵博引地洋洋灑灑寫了一大通，夾雜了不少的成語、典故。

　　醜婆娘沒什麼學問，不知好壞，準備就這樣交差。

　　東宮有個名叫張泓的宦官勸阻說：「就這樣交上去，十有八九要壞菜。」

　　賈南風大奇，扭頭問他：「卻是為何？」張泓咳了幾咳，亮了亮嗓子，指點迷津說：「太子知識有限，識字不多，這是人盡皆知的事情。你在御批檔案上引古證今，一下子寫這麼多，皇帝看了肯定不會相信，到時追查起來，還不壞菜？」「那，要你說，怎麼辦才好？」賈南風急了。

　　張泓狡黠地笑了笑，說：「很簡單，不要過多地吱吱歪歪，就事論事，直接上結論。」

　　賈南風一聽，覺得有理，就對張泓說：「那這事就交給你辦了，你把這些長篇大論刪了，要快，日後保你富貴榮華。」

　　張泓大樂，認認真真地修改了一遍，交傻太子抄好，由守在門外的使臣送交給了還在酒席之上的司馬炎。

　　司馬炎一看，嘀，傻兒子的字雖寫得醜，字數也不多，但判詞意思清楚，理事也頗為得當，竟遠遠地超出了原本的期望值！這麼想著，司馬炎有幾分飄飄然，乘著酒興，喜形於色地把這些檔案遞給衛瓘，激動地說：「看看，這是太子批的，還過得去吧？」他這一弄，周圍的人都知道衛瓘有過詆毀太子的行為了。

　　衛瓘嚇得魂飛魄散，趕緊挽救地說：「啊，想不到，想不到，太子竟

已經大為長進了。」

司馬炎更加高興了，讓人帶上大批珍寶前去打賞東宮。

司馬炎對傻太子滿意，而對傻太子與宮人生的兒子司馬遹更加滿意。

司馬遹小小年紀，很有幾分當年司馬懿的派頭，聰明過人。

據說，司馬遹五歲那年，某個晚上，宮中失火，司馬炎站起來要到欄杆上檢視情況，司馬遹死死拉住他的衣角不讓去。

司馬炎大感奇怪，問他為什麼這樣。

司馬遹回答說：「現在天色大黑，爺爺您在高樓看火，目標很明顯，萬一是刺客故意縱火引您出來的，就有危險了。」

這孩子了不得！司馬炎想，這帝位日後就交給他坐了。

怎麼把帝位傳給他呢？正確的流程就是：先傳給處於嫡長地位的傻兒子，日後再讓司馬遹以皇太子的身分繼承帝位。

基於以上種種原因，不明就裡的司馬衷坐穩了太子位，並在司馬炎病逝後順利登上了帝位。

白痴皇帝的這些表現足讓許多「聰明人」汗顏

晉惠帝司馬衷是歷史上著名的白痴皇帝。

他的白痴代表作有兩件。

某年夏天，司馬衷與隨從在華林園乘涼，聽到池塘邊傳來嘹亮的蛙鳴聲。

司馬衷覺得叫聲很好玩，便問隨從：「這些東西咕呱地怪叫，是為官在

第一章　西晉的崩潰

叫還是為私在叫？」隨從哭笑不得，只好敷衍他說：「在官家池塘裡叫的，就是為官在叫；在私人池塘裡叫的，就是為私在叫。」「哦，原來是這樣。」

司馬衷若有所思地點點頭，信以為真。

某年鬧災荒，老百姓沒飯吃，天天都有餓死了人的消息傳來。

司馬衷急得不行，對報告人說：「沒有飯吃，可以吃肉呀，怎麼被餓死了？」報告的人聽了，半天說不出話來。災民們連飯都吃不上，又怎麼有肉吃呢？真是個不可救藥的白痴啊！

司馬衷當上皇帝後，皇后賈南風亂政，八王亂起，他無力解決複雜多變的政治危機，西晉王朝很快崩盤。

客觀地說，八王之所以能夠此起彼伏地起兵作亂，司馬衷的父親晉武帝司馬炎是要負很大責任的。

類似的情況，明朝也發生過一次：明成祖燕王朱棣發動的靖難之變。

當時的建文帝朱允炆可是明太祖朱元璋非常看好的帝王繼承人，也沒有人懷疑過他的智商。

而且，朱允炆手裡還抓了一手好牌。

但朱允炆最終還是輸了。

從這一點來說，司馬衷的失敗也就不足為奇了。

司馬衷雖然是一個白痴，但他在失敗過程中還是不乏優點的。

話說，永興元年（三〇四年），東海王司馬越劫持了司馬衷，以皇帝的名義討伐成都王司馬穎。

在蕩陰，司馬越被司馬穎打得屁滾尿流，在逃命的時候就顧不上司馬衷了。

司馬衷坐在輦車上,臉部受傷,身中三箭,百官及侍衛人員都紛紛潰逃。

司馬穎的軍士殺上來了,「竹林七賢」之一嵇康的兒子嵇紹挺身而出,誓死保衛天子。

亂兵不由分說,上來對著嵇紹就是一頓亂砍,鮮血直濺司馬衷的衣襟。

司馬衷急得大喊:「這是忠臣,不要殺。」

司馬衷的喊話顯得很幼稚,但卻充滿了真誠。

那些軍士手腳不停,嘴裡回答說:「奉皇太弟(司馬穎)的命令,只是不傷害陛下一人而已!」司馬衷只能眼睜睜地看著嵇紹被殺。

司馬衷脫險後,每天都穿著那件沾滿了嵇紹鮮血的衣服上朝。

大臣們建議他換一件新的或脫下來洗乾淨。

司馬衷不願意,哭著說:「這上面是忠臣嵇侍中的血,千萬不能洗去啊。」

滿朝文武聽了,聳然動容,感懷不已。

這哪裡是什麼白痴皇帝?分明是一個心地善良、真摯純樸的謙謙君子啊。

就算是白痴皇帝,但比起那些滿口仁義道德卻忠奸不分的帝王來,還不知要強上多少倍呢。

「嘴炮」們大行其是的時代,王朝在清談中步入沒落

東漢末年,經過兩次「黨錮之禍」,天下儒生幾乎被清洗一空,賢能忠義進步勢力遭到了徹底摧毀。

第一章　西晉的崩潰

　　國學大師錢穆在《國史大綱》中對「黨錮之禍」中黨人名士們的表現大感遺憾，嘆息說，這些人過分看重道德，實是致命的缺點，如此至剛至硬，所以易折易斷。

　　的確，在世態澆漓的亂世，這種剛勁的士風為遵循它的人帶來的只會是毀滅。

　　這，就是黨錮人士精神難以適應社會和難以延續的原因。

　　從此，士人們開始由儒入玄，或明玄暗儒，或隨波逐流「與之俱黑」，將黨錮名士的精神力量漸漸淡化。

　　到了曹魏篡漢、司馬氏篡魏以後，統治者避開「忠義」不談，一味力倡「孝廉」，鼓吹以孝治天下，提倡名教，著力規範人心。

　　沉溺於玄學的名士懾於嚴酷的現實刀斧，不敢妄談國事、不敢輕言民生，專談老莊、周易，漸漸盛行一種所謂的「清談」之風。

　　名士們在清談過程中，並不在乎「理之所在」，王導與殷浩清談到三更時分，仍是「未知理源所歸」，沒能辯清楚道理何在，但彼此並不以之為憾，只是盡情享受清談的過程。

　　而從王導與殷浩清談至深夜不散的情形來看，清談不僅僅是腦力活，還是體力活，講口才、講耐力。

　　實際上，從文獻記載來看，名士間通宵達旦清談的紀錄比比皆是。

　　比如說，孫盛與殷浩清談，「至暮忘食」；劉惔與張憑「清言彌日」「留宿至曉」；裴頠每與從弟裴邈清談，「終日達曙」；樂廣與潘京在洛陽「共談累日」；衛玠「至武昌見王敦，敦與之談論，彌日信宿」……值得一提的是，王敦和衛玠清談得高興了，心滿意足地對幕僚說：「當年王輔嗣曾吐金聲於中朝，衛玠今日又玉振於江表，真是難得難得。」

可是，就因為清談過猛，衛玠體弱，身子骨不濟，回去後竟然一病不起，早早就離開了人世。

說起來，衛玠的母親向來知道兒子身體不好，是禁止他清談的。

只是衛玠初到江東，一心要賣弄一下自己的實力，置母親的勸阻於不顧，最終誤了性命！高僧支道林到東山訪謝安，與謝安清談。

謝安的姪兒謝朗只有七八歲年紀，也是清談高手，興致勃勃地和支道林一起研討辯論玄理，高僧支道林抵擋不住，只好雞生蛋、蛋生雞地循環互辯，兩人一同陷入困辱的地步。

謝朗母親王夫人在隔壁房中聽見，生怕兒子像衛玠那樣折騰壞了身子，心疼得不行，一再派人催謝朗回房睡覺。

可是謝安覺得謝朗說得太精采了，不捨得放謝朗走。

王夫人愛兒心切，只好親自出來，不避在座的眾多陌生男人，埋怨著說：「我早年寡居，一輩子的希望就寄託在這孩子身上了。」流著淚將謝朗抱了回去。

清談是這樣勞神費力，但名士們還是樂此不疲。

歷史上有名的蘭亭聚會其實就是一場盛大的清談大會。

那是永和九年（三五三年）三月初三，會稽內史、「書聖」王羲之宴請親朋謝安、孫綽等四十二人在蘭亭修禊。

當時，群賢畢至，少長咸集，大家在曲水旁邊排列而坐，一邊飲酒，一邊清談，成就了一曲清談史上的千古絕唱。

但名士們清談的內容僅僅局限在有與無、生與死、動與靜、名教與自然、多情或無情、聲音的哀樂、言辭能否盡意等形而上的問題，停留在頹廢、鬱悶、執著、豁達、飄逸的虛無狀態之中，實於世務無補。

第一章　西晉的崩潰

如果說，名士們全都是閒散在山谷竹林的世外隱士，那問題不大，但如果讓這些名士擔任了朝廷高位，那就會嚴重誤國。

竹林七賢之一的王戎有一個堂弟，名叫王衍，就是一個擔任了朝廷高位的大名士。

王衍十四歲的時候，父親在名將羊祜手下任職，王衍曾代父親到羊祜那裡申報陳述公文的內容，沒有表現出半點怯場，吐辭清楚，條理通曉。

羊祜十分驚奇，認為他長大了前途不可限量。

晉武帝司馬炎的老丈人楊駿曾想把自己的另一個女兒嫁給王衍為妻。

王衍居然不屑與晉武帝成為連襟，態度堅決，斥退了這門親事。

晉武帝司馬炎聽說王衍這麼狂，就問王戎，說王衍這麼狂妄自大，那當世還有哪個高人可以跟他相提並論？王戎十分肯定地說：「王衍此人，當世無雙；要找跟他相提並論的人，只能從古代聖人中去尋求。」

王戎對弟弟的評價高得不能再高。

為了配合堂兄王戎對自己的評價，王衍就以子貢自比，專以談論《老子》、《莊子》為樂事。

在談論玄學內容時，王衍手持一把白玉柄的拂塵，峨冠寬袖，衣襟飄飄，睹之猶如天人。

但在談論過程中，王衍只顧一時爽快，經常出現自己推翻自己剛剛講過的觀點的現象，人們會忍俊不禁，譏諷他是「口中雌黃」。

即使這樣，還是有許多朝廷高官仰慕他，稱他為「一世龍門」，認為他應該做士族的首領。

曾經擔任散騎侍郎的裴遐迎娶了王衍的女兒為妻，婚後第三天，和幾

個連袂相聚清談，場面極為壯觀。

當時，還來了許多名士，以及裴、王兩家的子弟。

大名士郭向也躬逢其盛，大談玄理。

郭向和裴遐發起挑戰，幾個回合下來，勝負未分，不能快意，於是抖擻精神，把話題越鋪越遠，汪洋恣意，許多客人招抵不上，裴遐卻應接有暇，不但有條不紊地述說郭向前面說過的話，還能把義理慢慢拓展，由淺入深，贏得一陣陣歡呼，王衍因此引以為豪。

王衍接連多年擔任北軍中侯、中領軍、尚書令等朝廷要職，許多在職場上打拚的年輕人，都爭相把他看成景仰和仿效的對象。

可以說，王衍所崇尚的浮華作風，就成了引導當世的時尚潮流。

但王衍身在其位不謀其事。

在「永嘉之難」中，他身居太尉之位，卻毫無作為，帶領十萬軍隊做了胡人石勒的俘虜。

臨死前，王衍面如死灰，垂淚道：「唉！我堂兄王戎說我可以與古人相提並論，其實，即使我不如古人，平時只要不崇尚浮華虛誕，勉力來匡扶天下，也不會落到今天的地步！」王衍的死，堪稱名士的慘劇，也替愛好清談的人士敲響了一記警鐘。

然而，可悲復可嘆的是，西晉之後的東晉名士們還是執迷不悟，對清議活動深愛有加。

王羲之後曾高聲吶喊，說：「虛談廢務，浮文妨要，恐非當今所宜！」但根本沒有人聽入耳內。

東晉王朝也就在名士的清談中一步步走入沒落。

關於清談，後人的評價是：「虛無之談，尚其華藻，此無異於春蛙秋蟬，聒耳而已。」

第二章
亂世來臨

第二章　亂世來臨

劉備的乾孫子燔天稱帝，開啟一個大時代

西晉末年，「八王之亂」攪得中原大地動盪不止。

晉惠帝永興元年（三〇四年）發生了蕩陰之戰。

成都王司馬穎俘獲了晉惠帝，準備在自己的封地鄴城玩挾天子以令諸侯的把戲。

都督幽州諸軍事王浚不滿司馬穎的所作所為，引烏桓部鮮卑族騎兵大舉來攻。

鮮卑騎兵極其凶悍，一路連戰連捷，勢如破竹。

司馬穎大為恐懼。

司馬穎手下有一個匈奴族大將，姓劉名淵，曾經擔任匈奴族五部大都督，獻計說，匈奴族五部騎兵的戰鬥力比鮮卑騎兵更強，不如由他回匈奴部的左國城請兵。

司馬穎同意了他的建議。

臨行前，劉淵一再告誡：鮮卑騎兵雖然厲害，但長於野戰而短於攻堅，只要堅守不出，其糧食一盡，自然退兵。

千叮嚀萬囑咐司馬穎萬萬不可出城自取滅亡。

然而，劉淵前腳一走，司馬穎後腳就把他的囑咐忘得一乾二淨。

司馬穎把鄴城的守軍開到城外，列陣與王浚的步騎對砍。

這一戰，幽州鐵騎和鮮卑騎兵遂將騎兵的優勢發揮得淋漓盡致，他們策馬馳騁，來回包抄、縱橫切割，把鄴城的軍隊盡情蹂躪了個夠。

司馬穎感覺到鄴城難於再守，逃往洛陽，最後死在東海王司馬越的

刀下。

這裡主要不是說司馬穎，而是劉淵。

劉淵是一個漢化極深的匈奴人。

早在漢高祖時代，漢朝就開始和匈奴冒頓單于和親。

隨著和親次數增多，一部分匈奴人和漢人相處的時間越來越長，他們的子孫漸漸承認了自己身上的漢人血統，和漢人越來越親近。

劉淵的父親劉豹就認為自己是漢朝公主的後人，身上流著漢高祖劉邦的血液，以劉為姓。

劉豹為左部首領，居住在太原的茲氏（今山西臨汾）。

劉淵很小的時候，就顯示出許多異於常人的地方。

他愛好讀書，熟讀《詩經》、《京氏易傳》和《馬氏尚書》，尤愛讀《春秋左氏傳》、《孫吳兵法》。

這些書，很多漢人都沒讀過，一個匈奴人，竟然達到了通讀的程度，太不簡單了。

劉淵讀《史記》、《漢書》及諸子的著作，並不是被動地接受知識，而是喜歡在讀書中帶著問題思考和探究。

他對一起讀書的同學說：「我每次閱讀書傳，都忍不住要鄙視古人，覺得他們等級太低了，難道是我比他們更高明嗎？你們看，像隨何、陸賈這些人，他們雖有文才而缺乏武功，而周勃、灌嬰雖有武功卻又缺少文才。

道義是由聖人來發揚光大的，知識不全面，能成得了什麼事？」就因為有文武並重思想，劉淵在學習文化的同時，也專注於練習武藝。

第二章　亂世來臨

他身材魁梧，身高八尺四寸，兩臂奇長，善於騎射，力大過人。

屯留人崔懿之、襄陵人公師彧等當世名士見了他，都驚訝地讚嘆道：「這人的形體、相貌太不平凡了，乃是世間罕有啊。」

晉泰始年間（二七〇年前後），劉淵作為匈奴部的人質羈居洛陽。

晉武帝司馬炎見了劉淵，也有同樣的感受，稱讚說：「劉淵的容顏、儀表奇特，如果單從以貌取人的角度來說，我總覺得春秋的由余、漢代的金日磾也不能高出他。」有意讓他擔任統帥平定東吳。

幸有臣子及時勸阻，說：「正如您老人家所說，劉淵的才幹現在既然沒有人能與他相比，您又授予他這麼大的權力，替他樹立威望，那麼，平定吳地之後，恐怕他就不會再回來了。」

一語驚醒夢中人，晉武帝司馬炎於是把平定東吳的事交給了杜預和王濬等人。

晉咸寧四年（二七八年），禿髮鮮卑部在秦州、涼州作亂，晉武帝準備征伐匈奴五部，由劉淵掛帥前去平亂。

又有大臣阻止了。

大臣們說：「劉淵若是能夠平定涼州，斬殺樹機能，恐怕涼州境內又要亂了。

蛟龍得到雲雨，就不再是池塘中無法施展能耐的小東西了。」

這樣，劉淵又一次失去了脫離牢籠的機會。

為此，劉淵在九曲河濱為以游俠著稱的東萊人王彌餞行時，縱酒長嘯，嘆息說：「今生今世，我只能老死於洛陽城內了！」然而，陰差陽錯。

惠帝元康末年，司馬穎被任命為鎮北大將軍，鎮守鄴城，他竟啟用了劉

淵為寧朔將軍、監五部軍事,調到鄴城以供驅使。

而當都督幽州諸軍事王浚聯繫鮮卑族騎兵助戰猛攻鄴城時,司馬穎又同意了劉淵回匈奴五部請兵的要求,這樣,劉淵終於龍歸大海,自由地興風作浪了。

原本,匈奴部族目睹「八王之亂」興起,就覬覦中原,蠢蠢欲動。

劉淵的從祖,原北部都尉、左賢王劉宣多次在匈奴部落首領的會議上提出說:「漢亡以來,魏晉代興,我們單于,雖有虛號,卻沒有寸土的基業。現在司馬氏骨肉相殘,連環相鬥,四海鼎沸,該是我們興邦復業的時候了。」

「左賢王劉淵的姿貌、風儀和才能超人絕世,上天倘若不是要光大單于,又何必虛生這種偉人?」他們祕密推舉劉淵為大單于,並把這一密謀悄悄傳遞給了在鄴城中的劉淵。

現在,劉淵得歸,當仁不讓地登上大單于的寶座。

隨後,他以離石(今山西西部,呂梁山脈中段西側)作為匈奴各部的都城,僅僅花了半個月,就召集起五萬多兵馬。

那邊,司馬穎沒有聽劉淵的話,離開鄴城,逃往洛陽,落了個慘死的下場。

劉淵嘆道:「司馬穎不聽我言,以至潰敗,真是個蠢材啊!」他回頭又對部眾說:「自古沒有永恆不朽的帝王,大禹出自西戎,周文王生在東夷,誰該做帝王,只是按德行的高低授予。現在,我們有精兵數萬、良將千員,對付晉朝軍隊乃是以一抵十,滅掉晉朝就在轉瞬之間。我即使不能效法漢高祖,至少也要成就魏武帝的功業。漢有天下年久,恩德深植人心,所以昭烈帝劉備據一州之地就可以與天下抗衡。我既是漢室的外甥,又與

第二章　亂世來臨

漢室約為兄弟，如今漢室的大旗跌落，我得把它重新舉起來。依我看，從今以後，我們就用漢朝的國號，遠尊後主劉禪，收取民心。」

劉淵能說出這樣一番話，說明他讀書還真沒有白讀。

最讓人佩服的是，他還能追思漢朝的恩德，將自己與漢朝的甥舅關係、兄弟之約巧妙連繫起來，重新拾起漢朝的大旗，以漢朝的招牌來收攬人心。

這已經不是一套普通的說辭或演講了，而是一手極其高明的政治手段。

晉惠帝永興元年（三〇四年）十月，劉淵在左國城南郊築壇設祭，自稱漢王，將自漢高帝以下的三祖五宗（太祖高帝、世祖光武帝、昭烈帝劉備、太宗孝文帝、世宗孝武帝、中宗孝宣帝、顯宗孝明帝、肅宗孝章帝）供入宗廟，追諡蜀漢後主為孝懷皇帝，定年號為元熙，立妻呼延氏為王后，署置百官，任命劉宣為丞相、經師崔遊為御史大夫、宗室劉宏為太尉，其餘的人授官各有等差，大赦境內囚犯。

劉淵打出的「漢」字招牌果然吸引了成千上萬的胡晉民眾前來歸附。

劉淵所建立的漢國（後改為前趙）即開啟了五胡十六國的大時代。

公元三一〇年，劉淵病死，被諡為光文皇帝。

崛起於草根，做過盜馬賊，創一代帝業

羯族，又名「羯胡」，生活在上黨郡（今山西潞城附近各縣）的武鄉羯室一帶。

該族族人大異於漢人，深目、高鼻、多鬚，以原始的部落形式為基本

社會單位,過著簡單、樸素的游獵和放牧生活。

武鄉北原山下有一個羯人,名字叫訇。

訇原是大戶人家的佃客,晉太安年間(三〇三年前後),并州(今山西大部及鄰近的河北、內蒙古部分地區)發生饑荒,境內大亂,與一同做佃客的胡人逃亡,被北澤都尉綁縛起來,賣給人家做奴隸。

訇被販賣到茌平(今山東省茌平縣),天天被趕到地裡做苦工。

在訇勞作的附近,有一個牧馬場,魏郡的販馬頭目汲桑常來買馬。

訇出生於游牧部落,對相馬很有一套,和汲桑交談,很得汲桑看重。

這個汲桑是清河具邱人,力能扛鼎,和訇意氣相投,提議結為兄弟,一起去劫掠皇家馬匹發大財。

朝廷在茌平縣東部開設有諸如赤龍、騄等皇家馬苑,裡面餵養的都是上乘的寶馬。

於是,訇和另外十六名奴隸一同與汲桑結拜,一起去盜馬,成功地挖出了他們人生中的第一桶金。

晉永興二年(三〇五年),匈奴人劉淵在黎亭稱漢王,平陽人公師藩等在清河郡蚪縣(今山東平原南)起兵。

汲桑與石勒等人一起前往投軍。

投軍前,汲桑讓以石為姓,以勒為名——汲桑萬不會料到,他臨時起意所起的「石勒」之名,不久之後,竟會成為千千萬萬漢人的噩夢。

在亂世混戰中,公師藩和汲桑先後戰死,石勒領殘部倉皇投奔劉淵。

劉淵可不是誰想投靠就可以投靠的,他向石勒索要投名狀,要石勒去替他除掉烏桓部的伏利度。

第二章　亂世來臨

石勒乃是一條喪家之犬，為了入夥，只好屈服於劉淵的無理要求。

讓人詫異的是，目不識丁的石勒，居然無師自通地憋出了一條苦肉計：讓劉淵痛揍自己一頓，扮演出一副苦大仇深的模樣，打入了伏利度的隊伍。

石勒得以在一次部族會議上成功綁架了伏利度，脅迫烏桓部歸順了漢國。

劉淵高高興興地任石勒為輔漢將軍、平晉王，督山東（今太行山以東）誅討諸軍事，負責帶領伏利度的烏桓部。

從此石勒獨領一軍，在漢水流域寇掠，拔新蔡、下許昌，打下了好大一塊地盤。

讓石勒名震四海的是晉永嘉五年（三一一年）在苦縣寧平城的一場殺戮。

該年正月，西晉王爺東海王司馬越率洛陽的兵眾二十餘萬討伐石勒，途中，司馬越病死，眾人推舉太尉王衍為主帥。

王衍是個主張清靜無為的清談名士，遇事能躲就躲，這次他推脫不過，只好像被趕上架的鴨子，當上了軍隊的最高指揮官。

但王衍沒膽和石勒開戰，玩了手虛的，以奉送司馬越的靈柩回東海國為由，走為上。

王衍天真地以為，這一走，就可以逃離即將開打的戰場。

哪料，石勒並不肯放過他們，率領輕騎連夜追趕。

四月初一，在苦縣寧平城，追上了。

王衍的隊伍有十餘萬之眾，但他根本不懂指揮，被石勒的騎兵稍一攻擊，便潰散得不成樣子。

石勒縱聲獰笑，大開殺戒。

十多萬人像被圍獵的獵物一樣，在漫天的箭雨中喪生，屍積如山。

這一戰，晉朝中央政府的有生力量全部毀於一旦，陪葬的還有大批的朝廷高層。

隨後，石勒會同劉淵手下的漢將劉曜、呼延晏、王彌等人，順利地攻陷了洛陽。

改年，即晉永嘉六年（三一二年）二月，石勒在葛陂一帶構築壘壁，廣造船隻，準備攻打江南的政治經濟中心——建業。

但大軍出現了水土不服的現象，軍中的士兵病倒了一大片，非戰鬥死亡人數過半，兵無鬥志，軍心浮動。

恰在此時，謀士張賓來投石勒，建議說：「鄴城的銅雀、金虎、冰井，稱之為三臺之固，西接平陽，四塞山河，有喉衿之勢，請將軍用心經營，以據有黃河以北的地區，而黃河以北的地區一旦安定，天下莫有出將軍之右者！」石勒聽了此一席話，猶如撥雲見日，依計而行。

正是在張賓的指導下，石勒有了成形的策略方針，以襄國為根據地，先後滅了王浚、邵續與段匹磾等西晉在北方的勢力，又吞併曹嶷，走上了一條王圖霸業之路。

東晉咸和四年（三二九年）十一月，石勒吞併關中、取上絡，滅前趙，緊接著，又北征代國，統一了除西北涼州和東北遼東以外的整個北中國，與東晉以淮水為界。

東晉咸和五年（三三〇年），石勒稱大趙天王，行皇帝事。

隨後稱帝，改元建平。

因淮水以南地勢低溼，河水交叉，不適合騎兵馳騁，同時也覺得自己的後趙亟須休養，石勒就沒有向東晉發動起大規模的侵略，他的功業也就

第二章　亂世來臨

此達到了頂點。

對於這個現狀，石勒頗感滿意。

有一次，酒後高興，他問侍臣徐光：「朕可相比於古往今來哪一類開創基業的帝王？」徐光諂媚說：「陛下的勇猛和謀略超過漢高祖劉邦，卓越的才能勝過魏武帝曹操，老實說，依為臣看來，有資格能和陛下您相比的，也就只有軒轅黃帝一人而已！」石勒被這一馬屁擊暈，心花怒放。

等屁氣漸散，石勒還是冷靜了一下，說：「愛卿也許說得太誇張了，人還是得有一點點自知之明的。

朕若逢漢高祖，必當北面而侍奉他，揮鞭與韓信、彭越之輩爭先。

若遇光武帝劉秀，當與他逐鹿中原，一分高下。

大丈夫行事應磊磊落落，如日月光明，朕絕不會像曹孟德、司馬仲達父子之流，欺他孤兒寡母，狐狸以取天下。

所以，朕覺得，朕的才能當在劉邦、劉秀之間，哪能與軒轅黃帝相提並論？」三皇五帝的事已經不可考，說白了，石勒一生最崇拜的偶像就是漢高祖劉邦。

他是奴隸出身，目不識丁，喜歡聽別人講劉邦的故事。

他最喜歡聽酈食其勸劉邦立六國後人為王侯這一段。

每次聽到劉邦準備採取酈食其的意見，要刻印授予爵位，他就故意裝大驚狀，尖叫道：「完了，這麼做就會失去天下了，大事難成了，大事難成了！」一副懊惱無盡的樣子。

等聽到留侯張良及時地阻止了劉邦，他又裝作很有先見之明的樣子，說：「幸虧有張良啊！」講故事的人講到這裡，停下來讚道：「陛下比漢高

祖高明多了。」

其實，石勒以布衣提三尺劍建國，固然是世之豪雄。

但他所建立的後趙，非但版圖遠不能與西漢、東漢相比，便是國祚，也遠不能與兩漢相較。

兩漢加在一起，統治時間長達四百多年。

而後趙歷經八主，三十三年而亡。

想想看，三十三年之間，走馬燈似的出現了八位皇帝，政局是何等混亂。

造成這一惡果的人，就是自詡富於「先見之明」的石勒。

石勒明知自己的兒子孱弱，姪兒石虎雄暴強勢，卻沒有採取任何措施，竟使得他死後短短兩年，全部子孫被石虎屠戮得乾乾淨淨，為天下所笑。

石勒志得意滿時，徐光曾含蓄地提醒過他：「皇太子文靜溫恭，中山王石虎殘暴多詐，陛下一旦龍馭殯天，臣恐社稷必危，應漸奪中山王威權，使太子早參朝政。」

皇太子石弘的親舅、右僕射程遐也直接對石勒說：「中山王石虎勇武權智，群臣莫制，其本性凶殘，驕橫不法，他的兒子都執掌朝廷兵權。陛下在，自然無事，應早除之，以安天下大計。」

石勒的回答卻是：「現在天下未定，太子年幼，正要倚仗中山王輔佐。而且，中山王是我骨肉至親，又豈會做出你所說的那種事來！嘿嘿，你是擔心有中山王在，將來你無法以帝舅的身分擅權吧？」瞧，就這種見識，居然也自稱才能、智謀在劉邦之下、劉秀之上。

事實上，石虎的不臣之心已經很明顯了。

石勒稱帝，將大單于的名號封給了三子石宏，石虎就表現得極其不滿。

第二章　亂世來臨

石虎私下裡說：「主上自在襄國建都稱王以來，端身拱手，屍位素餐，坐享其成，不勞而獲，所有衝鋒陷陣、攻城略地的事情都交給了我。二十多年來，南擒劉岳，北逐索頭，東平劉魯，西定秦雍，擊平十三州，成就這些功業，還不全靠我石虎一人？大單于的稱號應當授予我。主上昏昧，卻授予那黃口小兒，想起來就叫人生氣，飯也吃不下！等聖上停止了呼吸，我當滅盡其子孫！」

石虎聽說程遐向石勒講自己的壞話，暴跳如雷，作為報復，他在一個月黑風高的夜晚，派了幾十個武藝高強的壯漢，闖入程府，將程遐按倒狂扁，並當著他的面，輪姦他的妻子、女兒，待拎上褲子，還不忘將府上的金銀寶物掠奪一空。

說起來，程遐是太子的親舅，他的妻女也就全都是太子的至親，石虎卻敢在石勒的眼皮底下做出這等事情，可知他狂妄、殘暴和無法無天到了何等程度。

讓人覺得不可思議的是，石勒喜歡石虎，就因為石虎嗜血、殘忍、敢殺。

石勒覺得自己這個姪兒殺人如麻，殺得天下人都害怕，替自己掃除了不少敵人，歡喜不盡。

他做夢也想不到，有一天，這個心愛的姪兒會把屠刀舉向自己的子孫。

咸和八年（三三三年）石勒駕崩，由太子石弘繼位。

第二年，石虎廢黜石弘，並將石弘的母親程太后及石弘的兄弟秦王石宏、南陽王石恢等悉數殺死，自稱為居攝趙天王，開始了中國歷史上的又一場荒淫無恥、血腥殘暴的統治。

可笑石勒自比劉邦、劉秀，到頭來，全部子孫被別人屠戮得乾乾淨淨，成了歷史上的一大黑色幽默。

南宋史學家戴溪因此評價石勒說：「石勒胡兒，哪裡真了解漢高祖？他的本事，比韓信、彭越還差得遠！」另一南宋史學家胡三省說得更直接：「勒欲並驅漢光武⋯⋯多見其不知量也！」

因為愛，皇帝把寵妃賜給了俘虜

漢趙昭武皇帝劉聰自小聰明好學，年紀輕輕就通曉經史和百家之學，更熟讀《孫吳兵法》，寫得一手好文章，又精熟武藝，能開三百斤硬弓，勇猛矯捷，冠絕一時，可謂文武全才。

劉聰二十歲後遊歷洛陽，大量結交京都名士，並混到了西晉右部都尉的官職，為父親劉淵的造反發揮了不小的作用。

西晉永安元年（三〇四年），劉淵聚眾自立，建立漢趙政權，任命劉聰為撫軍將軍。

劉淵時代的漢趙政權，還是屬於小打小鬧的階段。

西晉永嘉四年（三一〇年），劉淵病逝後，劉聰的兄長太子劉和即位。

劉和忌憚劉聰，準備對劉聰採取行動，讓劉聰從地球上消失。

劉聰一怒之下，擁兵入宮，殺了劉和，請父親劉淵最寵愛的單皇后所生的兒子劉乂登帝位。

劉乂年紀雖幼，但看著殺人已經殺紅了眼的哥哥劉聰，相當清楚自己一旦真登帝位會有什麼後果，斷然拒絕。

劉聰由此順水推舟，興沖沖登上了帝位。

第二章　亂世來臨

他對外揚言，等劉乂長大後就將皇位讓給他，現在，先立劉乂為皇太弟，尊單皇后為皇太后。

單太后雖然被稱為「太后」，其實不過三十多歲，風韻猶存。

劉聰移居皇宮，得睹芳容，情不自禁，就把這位小後媽攬入懷中。

新寡的單太后情迷意亂，難於抗拒，就半推半就，和劉聰同居了。

劉乂一時失去了理智，闖入宮中指責母親。

單太后無地自容，羞憤而死。

心愛的人兒辭世，劉聰殺了劉乂後，為了療傷，遍訪美女。

劉聰打聽到太保劉殷有兩個美若天仙的女兒，就不顧同姓之義，將劉殷的兩個女兒都強納進宮中，封為左右貴嬪。

左右二劉貴妃不但善解人意，還諳熟風情。

劉聰大為滿意，覺得劉殷家的女人都是世上奇珍，就向劉殷下了訂單，要收購劉殷家的所有未嫁女人。

劉殷已沒有女兒了，但有四個孫女。

劉聰不管不顧，就把這四個孫女一股腦接入宮中，全部封為貴人。

劉聰的後宮生活雖然混亂，但他卻是一名開拓之主，登位後，創建了一套胡漢分治的政治體制，發兵攻破洛陽，俘獲了晉懷帝司馬熾，拓展大片疆土，成了名義上的中原共主。

永嘉五年（三一一年）六月，劉聰在平陽接見了俘虜晉懷帝司馬熾。

劉聰很有幾分帝王氣度，並不為難司馬熾，大大方方地任命司馬熾為儀同三司，封會稽郡公。

實際上，劉聰早年遊歷洛陽時可沒少到司馬熾府上蹭飯。

當時，司馬熾為豫章王，每天大宴賓客，和賓客投壺射箭、詩歌唱和，是當時社會名流心中的偶像，同時也是社會底層子弟劉聰的偶像。

劉聰非常寵愛自己左右二劉貴妃，特別是小劉貴妃，劉聰認為千萬寵愛尚未能表達出自己萬分之一的情意，現在出身尊貴的偶像司馬熾出現了，劉聰覺得非借這位偶像相幫不能如實表達自己對小劉貴妃的愛，就鄭重其事地把司馬熾介紹給小劉貴妃，讓小劉貴妃獲得自己之外的另一份愛。

司馬熾雖說曾是西晉皇帝，但這時不過一介戰俘，喜得佳偶，不免誠惶誠恐，將小劉貴妃帶回府上。

由於西晉的遺臣在長安擁立了晉愍帝司馬鄴，劉聰多次發兵攻取無功，而且，愛情終究是有排他性的，劉聰太愛小劉貴妃了，他忍不住下手殺了司馬熾，把小劉貴妃接回後宮，寵愛更勝從前。

劉聰對小劉貴妃的愛，稱得上是中國歷史上非常畸形、非常奇葩的愛情。

此女連當兩國皇后，貶損前任、盛讚現任

劉曜是匈奴漢國建立者劉淵的姪子，父母早亡，被劉淵收養於膝下。

劉淵曾帶八歲的小劉曜上山圍獵，忽遇暴雨，大家同在樹下避雨。

突然，一個霹靂從半空劈下，電光閃動，聲響震天，眾人嚇得全都仆倒在樹下。

劉曜卻像個聾子、瞎子似的，充耳不聞、熟視無睹，神色自若。

迅雷響過，劉淵和其他人狼狽不堪地從泥水裡爬起，看了劉曜的從容

第二章　亂世來臨

氣度，不由得敬仰萬分地說：「此吾家千里駒也。」

劉曜長大成人，身長九尺三寸（**按照丘光明《中國歷代度量衡考》所載，晉代一尺相當於今 24.38 公分，則劉曜身高已達 2.27 公尺**），垂手過膝，白眉，目有赤光，鬚髯長五尺，性情拓落高亮，超凡脫俗。

他博覽群書，箭術嫻熟，可以一箭洞穿寸餘厚的鐵板，有大志，常以樂毅、蕭何、曹參自比。

劉淵起事後，劉曜初任漢國建威將軍，率兵相繼攻克泫氏（今山西省高平市）、屯留（今山西省長子縣）、中都（今山西省太原市），為漢國在并州的發展奠定了基礎。

不久，劉淵死，劉聰繼位。

劉曜一如既往，征戰疆場，長驅入洛川，攻下西晉帝都洛陽，殺諸王公及百官以下三萬餘人，將晉懷帝、晉惠帝的羊皇后及傳國璽送於平陽。

攻陷了洛陽，劉曜以功被署為車騎大將軍，開府儀同三司，雍州牧，封中山王，奉命進突破瓶頸中。

他不久攻克長安，俘晉愍帝。

可以說，劉曜已成了匈奴漢國一等一的大人物。

而匈奴漢國自劉聰死後，其子劉粲貪圖享樂，不理朝政，國力銳減，很快走向沒落，朝內發生了靳準篡位事件。

於是，劉曜稱帝，改國號漢為趙（史稱前趙），改元光初，遷都長安；任用漢人士族，設立太學、小學；設單于臺於渭城，任命其子劉胤為大單于。

劉曜登上了帝位，便立之前從洛陽擄來霸占為妻的晉惠帝司馬衷的羊皇后為自己的皇后。

當年，趙王司馬倫幽禁了晉惠帝的原配賈南風，便替晉惠帝立了她為皇后。

初次入宮，羊氏衣服無故著火，惹得司馬倫連叫晦氣。

後來成都王司馬穎討伐長沙王司馬乂時，將羊氏廢黜。

而等司馬穎戰敗，羊氏很快復位；司馬乂的部將張方攻入洛陽，又將她廢了。

等晉惠帝還都洛陽，又將她復位。

但這次復位時間也不長。

隨著晉惠帝被毒殺，劉曜攻入洛陽，羊氏便落入了劉曜掌中。

劉曜有喜淫敵人妻女的嗜好，在歷年的攻伐中收取了不少戰敗者的妻女。

劉曜在回平陽獻俘途中就寵幸了羊氏，暢意之餘，非常自信地問：「我與你的前夫司馬衷相比如何？」

羊氏眉目帶俏，嬌羞無限地說：「他豈能和將軍您相提並論呢！將軍您乃開基之聖主，他不過是亡國之暗夫！他連自己的小命都不能保全，我身為他的妻子，屢遭臣屬折磨羞辱，早已對人世絕望，日夜有咬舌自盡之心。哪裡想得到今夜能得將軍之甘霖雨露！我生長在深閨，一直以為世間男人都差不多。自從侍奉過您，才知天下有偉丈夫！」羊氏這番話，一向被後世史家詬病不已。

但也有人認為，羊氏這番話應是出自真心。

試想想，晉惠帝司馬衷是中國古代歷史上有名的傻子，嫁給他，能有多少夫妻之樂？

而且，因為西晉內亂，風波迭起，身為皇室女子，真是生不如死。

第二章　亂世來臨

　　而劉曜身長九尺三寸，目有赤光，又戰功卓著，無疑是世間極品美男。

　　再說那劉曜，得到大晉皇后這樣褒讚，美得不行，將羊氏日夜帶在身邊，飽享魚水之歡。

　　甫得登基稱帝，便立其為皇后，頻頻臨幸。

　　羊氏因此得為劉曜連生三子，可謂幸福。

第三章
東晉立國

第三章　東晉立國

> ### 諺語「王與馬，共天下」是怎麼來的？
> ### 看過這段，什麼都明白了

　　東晉初年流行有「王與馬，共天下」的說法，時間延續了二十多年。

　　現代人讀這六個字，可能不知道裡面包含的意義。

　　這裡特別展開來說一說。

　　話說，西晉開國，若以滅東吳算起，國土面積是很大的，疆域北至山西、河北及遼東，與南匈奴、鮮卑及高句麗相鄰；東至海；南至交州（今越南北部）；西至甘肅、雲南，與河西鮮卑、羌及氐相鄰，達五百四十三萬平方公里。

　　但是西晉統治者自尋死路，先是立了個腦袋不靈光的司馬衷為帝，又立了個愛好爭權奪利的妒婦賈南風為皇后，把政事搞得一團糟，這就引發了司馬家的許多叔伯兄弟看著心煩意亂、七竅生煙。

　　實際上，也有點怪不得司馬家的這些叔伯兄弟。

　　想想看，當年的司馬懿、司馬師、司馬昭父子虎視狼顧，睥睨天下的氣勢，是如何囂張跋扈。

　　而司馬懿可不只有司馬師、司馬昭兩個兒子，他的其他兒子全都不是善類。

　　司馬昭也不只晉武帝司馬炎一個兒子，其他兒子中，還有比司馬炎更優秀的。

　　司馬炎的兒子眾多，卻選了一個最差的為接班人。

　　讓這個接班人來掌管帝國，就像讓一個三歲孩童守衛一個堆積著金玉

珠寶的大寶庫——守得了嗎，他？全天下人都垂涎三尺、虎視眈眈。

那麼，與其讓外人奪去，還不如自己家人搶到。

所以，司馬懿的兒子、司馬昭的兒子、司馬炎的兒子，甚至司馬師的兒子們，只要有一點兵權在手，都伸手來奪，於是引爆了帝國大動亂、大地震。

參與內亂的司馬氏王爺已經難以統計了，其中影響力最大的，有八人：汝南王司馬亮、楚王司馬瑋、趙王司馬倫、齊王司馬冏、長沙王司馬乂、成都王司馬穎、河間王司馬顒、東海王司馬越，故此次內亂史稱「八王之亂」。

這「八王之亂」已經導致西晉帝國內部迅速崩潰，外族又趁機風雨相侵，則西晉王朝的歷史就定格在了西元三一六年，即從滅東吳算起，西晉只有三十七年國祚，悲夫！「八王之亂」是一個歷史悲劇，也成了異族入侵者口中的一個笑話。

永嘉奇禍之後，晉懷帝司馬熾被匈奴人擄到平陽叩見漢趙皇帝劉聰。

但是，後來的漢趙帝國滅亡也很悲慘，其子劉粲被權臣靳準所殺，且居於平陽的劉氏宗室無論少長皆斬於東市，劉淵、劉聰的墳墓被掘，劉聰的屍體被拖出斬首，劉氏宗廟全部毀於一炬。

漢趙大將石勒後來建後趙國，其姪子石虎在其死後，盡殺其子孫，篡奪了政權。

石虎很自大，經常摟著自己心愛的兒子，在文武大臣面前秀慈愛，拿西晉的「八王之亂」開涮，說：「朕就是想不明白，為什麼司馬氏父子兄弟要自相殘殺，正是他們的自相殘殺，才使朕有今天在中原稱帝的機會。你等看仔細了，朕父子情深，怎麼會捨得殺我的嬌兒！」石虎萬萬沒有想

第三章　東晉立國

到，在他嚥氣後，他的兒孫們便轟轟烈烈地上演了一出屬於他們的石氏版「八王之亂」，參演主角有太子石世和石遵、石斌、石沖、石衍、石鑑、石苞、石祗七個宗王，一個不多，一個不少，剛好也是八個。

只能說，權力是一柄神奇的魔杖，誰對它產生了慾望，誰就會喪失理智。

話說回來，西晉滅亡了，司馬氏的故事還沒有完，有下集。

司馬懿有個兒子名叫司馬伷；司馬伷有個兒子名叫司馬覲；司馬覲有個兒子叫司馬睿。

插一下：這個司馬伷曾在一個著名的歷史事件中露過一會兒臉。

話說曹魏甘露五年（二六〇年），十九歲的魏帝曹髦聽說了「司馬昭之心，路人皆知」的流言，不甘心自家政權被司馬氏取代，於五月初六夜裡，拔劍登輦，率領殿中宿衛和奴僕們高喊著口號從永寧宮而出，氣勢洶洶地殺向司馬昭的住宅，要放手一搏，與司馬氏進行一次最後的較量。

當時，司馬伷任屯騎校尉，在東止車門攔截曹髦的軍隊，但在曹髦左右的怒聲喝斥下，司馬伷的兵士一鬨而散。

最後，是賈充出現，指揮太子舍人成濟刺死了曹髦，這才鎮住了局面。

說完了司馬伷的不光彩經歷，說回他的孫子司馬睿。

司馬睿世襲琅琊王，為人很低調，在「八王之亂」中，他盡量遠離爭端，避免戰禍，以求生存。

蕩陰之戰後，東海王司馬越在諸王相爭中，勢力坐大，司馬睿為求庇護，就依附上了司馬越。

司馬越手下有一個參軍，姓王，名導，字茂弘，小字阿龍。

那麼，司馬睿和王導就是「王與馬，共天下」中的主角了。

> 諺語「王與馬，共天下」是怎麼來的？看過這段，什麼都明白了

王導的家鄉在琅琊臨沂（今山東省臨沂市）——琅琊王氏，那是琅琊臨沂的大門閥世族！追溯這個族群的歷史，可以從漢初開始。

戰國四大名將：「起翦頗牧，用軍最精。宣威沙漠，馳譽丹青。」這裡面的「翦」，就是王翦。

王翦不但自己厲害，他的兒子王賁、孫子王離也同樣厲害。

秦滅六國，這王氏祖孫三代出力最多，皆受封列侯。

秦末，王離之子王元為避秦亂，即遷於琅琊臨沂，成就了這一名門望族。

二十四孝故事中的「臥冰求鯉」的主角原型王祥和二十四悌故事中「王覽爭鴆」典故的主角王覽，都出自這一偉大家族。

「竹林七賢」之一王戎和西晉最富名望的大清談家王衍也是這一家族中的著名人士。

王導是王覽的長子王裁所生，他有一個堂兄，名叫王敦，是王覽的次子王基所生。

就是這兩個堂兄弟，把王氏家族推向了一個最為鼎盛的時代——「舊時王謝堂前燕，飛入尋常百姓家」，王家比謝家還領先了好幾個身位。

司馬睿為琅琊王，與琅琊王氏交往密切，尤其與王導交好。

說起來，司馬睿和王導還是同一年出生的，因為這層關係，更讓他們間的交往增進了幾分親切感。

司馬睿依附上司馬越後，得知王導和王敦哥倆一個在司馬越手下任參軍，另一個在司馬越手下任揚州刺史，就向司馬越申請，把他們哥倆要了過來，讓王導擔任自己的軍事司馬，讓王敦擔任軍諮祭酒。

話說，西晉滅吳之初，朝中大臣都說「吳人輕銳，易動難安」，認為

第三章　東晉立國

江東難於管理。

司馬炎曾有封幼稚王子於吳的打算，時為淮南相的劉頌大驚失色，認為此議「未盡善」，主張以「壯王」、「長王」出鎮。

此事拖延到了八王之亂前夕，吳王晏始受封，但是並未立國。

實際上，江東之地也的確難於管理。

俗話說，強龍難壓地頭蛇，江左僑姓門閥士族實力強大，地頭蛇很多。

陳敏、錢璯等人相繼叛亂，所幸江東大姓周動員世家大族，出錢出力出人，配合晉政府「三定江南」，致使西晉雖滅，江東還能處於一個比較安定的政治局面。

這才有了「衣冠南渡」、「五馬化龍」的奇蹟。

所謂「衣冠南渡」，是指西晉永嘉元年（三〇七年），司馬睿聽從王導建議，出鎮建鄴（後改建康，今南京）。

「五馬化龍」指的則是司馬氏中的五位王爺琅琊王司馬睿、弋陽王司馬羕、南頓王司馬宗、汝南王司馬佑、彭城王司馬紘到達江東成就了王業。

渡江之初，王導深深地認知到，琅琊王司馬睿要在江東立定腳跟，就必須取得江東大族的支持。

但是，司馬炎剛剛滅亡東吳那時候，中原人蔑稱江東人為「亡國之餘」，很傷南方士族的感情，現在的司馬睿屬於晉室中的疏親，其本人資歷又淺，人望又輕。

故江東名士只是冷眼相看，都不願主動到府裡參見。

怎麼辦呢？王導想了一個辦法，對曾經擔任過揚州刺史的堂兄王敦說：「琅琊王仁義德行雖厚，但名望還輕，兄長在軍界混了多年，威風已振，

應該幫一幫他。」

正值三月遊春時節，司馬睿乘著肩輿，擺著全副儀仗，出外郊遊，觀看人們的修禊活動。

王敦和王導，還有一大幫北方名士就在後面恭恭敬敬地騎馬跟隨。

江東名士紀瞻、顧榮等人見了，都大吃一驚，不得不在路邊拜謁。

王導因而再向司馬睿獻策說：「古代的帝王，莫不禮敬故老，訪當地風俗民情，謙虛克己，傾心招納賢才。何況現在天下喪亂，九州分裂，大業草創，正是需要人才之時！顧榮、賀循，是江東有聲望的名士，只要招納了這兩個人，別人自然就都肯來了。」

司馬睿由是和王導前去造訪賀循、顧榮，很快將兩人招來。

吳地之人遂望風順附，百姓歸心。

司馬睿以顧榮為軍司，加散騎常侍；以賀循為吳國內史。

其餘的紀瞻、周玘、張闓等江東名流也都一一委以重任。

永嘉五年（三一一年），洛陽傾覆，江東就成了一方淨土，中原士族大批南遷。

臨沂王氏、太原王氏、陳郡陽夏（今河南太康）謝氏、潁川鄢陵（今河南鄢陵西北）庾氏等望族都陸續渡江南下。

王導勸司馬睿起用南遷人士中的賢人君子，與他們共大事。

司馬睿非常聽勸，前前後後吸收了一百零六個人，安排他們在王府裡做官。

這樣，司馬睿在王導的安排下，拉攏了江南的士族，又吸收了北方的人才，鞏固了地位。

第三章　東晉立國

建武二年（三一八年）四月，繼晉懷帝司馬熾被漢趙帝劉聰殺害後，晉愍帝司馬鄴也被劉聰殺害了。

司馬睿在群臣的勸說下登上了帝位，改元太興，是為晉元帝，東晉王朝正式建立。

登位之日，司馬睿盛情邀請王導同到御座上就座，王導固辭。

司馬睿又再三邀請，王導解釋說：「若太陽下同萬物，蒼生何由仰照？」司馬睿這才作罷。

不過，也可以看出，這東晉政權，就是王氏與皇族司馬氏共同建立起來的。

這「王與馬，共天下」的說法，實是名不虛傳。

門閥時代來臨

西晉末年的「八王之亂」引爆了中原地區的大動亂，覬覦晉家寶器的各色胡馬爭相湧入，大開殺戒，一時間烽煙四起、刀劍閃耀，人命賤如豬狗，處處屍山血海，民不聊生。

誠此晉祚存亡的危急關頭，皇族司馬氏五位王爺避戰亂南渡過了長江，琅琊王司馬睿在琅琊王氏家族的鼎力相助下在江左站穩了腳跟，定都建鄴（今南京），建立東晉王朝。

《南史》所云：「晉自中原沸騰，介居江左，以一隅之地，抗衡上國，年移三百，蓋有憑焉。其初諺云：『王與馬，共天下。』」

也就是從這時開始，東晉的門閥政治──即士族與皇權共治的格局也由此奠定，並維持了一個世紀之久。

門閥，乃是門第和閥閱的合稱。

門第指家族背景、地位貴賤，其中的「第」，指直接面向大街開的院門，這是古代身分地位高尚的代表。

「閥閱」一詞最早見於《史記‧高祖功臣侯者年表》，即把功臣的功勞分五等，依次是勳、勞、功、伐、閱。

功臣以及他們的後裔為了彰顯自己的功績，就會在大門兩側豎立兩根柱子，左邊的叫「閥」，右邊的叫「閱」，用來張貼功狀。

因此，「閥閱」一詞便指代家族功績、官歷等。

在功臣的權勢庇廕之下，他們的後世子孫往往可以透過各種途徑擔任朝廷的要職，形成家族、姓氏勢力。

於是，人們稱呼這樣的家族為門閥。

門閥專門享有把持國家權力的特權，則形成了門閥制度。

在門閥制度盛行的時代，流行著這樣一句諺語：「上車不落則著作，體中何如則祕書。」

什麼意思呢？是說門閥子弟出生後，只要長到坐車掉不下來的年齡，便可做著作郎；只要會寫兩句簡單的問候語，便可當祕書郎。

也就是說，門閥制度造成國家重要的官職往往為若干家族所壟斷，個人的出身背景對於其仕途的影響要遠遠大於其本身的才能特長。

這裡有一個問題，門閥既然是這樣一個好處多多的東西，那麼，要怎麼樣才能成為它呢？通常有兩種途徑：一，靠功業和德行，比如上面提到

第三章　東晉立國

的「王與馬，共天下」中的琅琊王氏家族；二，靠士族階層在婚姻倫常領域的彼此提攜與利用，這方面的代表是陳郡謝氏家族。

謝安的曾祖父謝纘在曹魏朝只擔任典農中郎將，是個負責管後勤的小軍官；而謝纘之前的先人，根本不載於史冊，算不上什麼人物，不值一提。

因此說，謝安的曾祖父謝纘一輩只能列為寒門、庶族。

到了謝安的祖父謝衡這一輩，官才算慢慢升上去，但還遠算不上士族。

這樣說吧，到了謝安的父親謝裒和伯父謝鯤這一輩，謝裒已經擔任吏部尚書、萬壽子；而謝鯤也擔任了長史及豫章太守，稱得上是朝廷新貴了，可是他們陳郡謝氏仍然很受士族階層的鄙視。

謝鯤死時只能下葬在寒族人下葬的石子岡。

甚至到了謝安這一輩，謝安的堂兄謝尚已經官拜尚書僕射，都督江西淮南諸軍事，後又加都督豫州揚州之五郡軍事，卻還是得不到舊士族的認可。

在許多舊士族的眼裡，陳郡謝氏不過就是一個走了狗屎運的暴發戶，算不上真正的貴族。

比如說，某次，謝家兄弟和眾舊士族子弟喝酒，喝至半酣，謝安的弟弟謝萬有些尿急，便不管不顧地起身向下人索要便壺。

在座的阮裕當場就喝斥道：「新出門戶，篤而無禮！」直斥謝家是暴發戶、缺少教養，讓謝氏兄弟全都抬不起頭來。

為了走上士族門閥行列，謝尚就想以婚姻改變現狀。

不過，在森嚴的門閥制度中，是非常講究門當戶對的。

魏晉以來士族間的通婚，要麼是所謂的「世婚」，即累世都有姻親關係，這種婚姻既包含有倫常交好的因素，同時又不排除某種政治目的性；要麼

就是藉助於婚姻「伊我相顧」的彼此提攜與利用。

要越過這兩種，另走第三種，難度相當大。

謝尚就想走第三種。

他看中了尚書右僕射諸葛恢的家世，想和諸葛恢做親家，替自己的堂弟、謝安的五弟謝石求婚，請求諸葛恢將他的小女兒許配給謝石。

諸葛恢的兒子娶了原尚書右僕射鄧攸的女兒為妻，而他的長女原先嫁給庾亮的兒子庾會，庾會死後又改嫁給了左僕射江虨，次女嫁給徐州刺史羊忱的兒子，就只剩下這個小女兒待字閨中。

謝尚滿以為自己也是尚書，和諸葛恢地位相同，事情應該不難辦成。

可是，諸葛恢不屑一顧地說：「羊、鄧兩家和我諸葛家是世代姻親；江家呢，是我看顧他；庾家呢，是他看顧我，和你們謝家聯姻，憑什麼？」斷然拒絕。

不過，謝家對這門婚事鍥而不捨，一直等呀等，等到諸葛恢死了以後，諸葛氏家道中落，謝石終於得償所願娶到諸葛恢的小女兒諸葛文熊。

就是靠這種鍥而不捨的精神，謝家和琅琊王氏、高平郗氏、穎川庾氏、陳郡袁氏、河南褚氏、沛郡劉氏、穎川殷氏、琅琊諸葛氏、泰山羊氏、長樂馮氏、太原王氏甚至皇家結起了裙帶關係，終於華麗轉身，成了與琅琊王氏並列的一大門閥。

不過，成也於此，敗也於此。

這種講究門當戶對的森嚴的門閥制度必然會導致婚姻圈子越來越小，越來越狹隘，最後不可避免地出現近親結婚的局面。

近親結婚的惡果是導致低能兒、畸形兒、弱智兒的出現。

第三章　東晉立國

　　而更為可怕的是，在門閥制度下，這些低能兒、畸形兒、弱智兒又會不勞而獲地坐掌權勢，最終導致國家的消亡、門閥制度的崩潰。

　　在劉宋時期，陳郡謝氏的當家代表人謝莊曾寫信給江夏王劉義恭說：「下官凡人……實因羸疾……兩脅成疾，殆與生俱，一月發動，不減兩三，每至一惡，痛來逼心，氣餘如謂。利患數年，遂成痼疾，吸吸惙惙，常如行尸……家世無年，亡高祖四十，曾祖三十二，亡祖四十七，下官新歲便三十五，加以疾患如此，當復幾時見聖世，就其中煎熬，實在可矜。」

　　從謝莊的信中，不難看出，謝家出現了好幾代短命鬼，體質衰弱，三四十歲就離開了人世。

　　體質差，膚脆骨柔，不堪行步，體羸氣弱，不耐寒暑外，智力上退化，甚至出現癲癇。

　　比如謝靈運的父親謝煥，就「生而不慧」，是個智商低下的人。

　　謝靈運的姪子謝惠連智力很好，「幼而聰慧」、「其文甚美」，但有精神病，「被徙廢塞，不豫為伍」，最後在二十七歲的青春歲月離開了人世。

　　研究門閥制度的權威人士田餘慶先生因此說：「謝安死後東晉的這一段歷史，無論是主是相，還是其他內外當權士族，人物均甚鄙陋，活動均具呈末代特徵。」

匈奴人冒姓建漢，江南也有人冒姓建漢

　　西晉末年，匈奴人劉淵冒姓建漢，克洛陽、取長安，於西晉建興五年（三一六年）十一月迫降晉愍帝司馬鄴。

由是，西晉宣告滅亡。

第二年（三一七年）三月，琅琊王司馬睿在建康即位稱晉王，改元稱建武元年。

東晉王朝徐徐揭開了序幕。

東晉建武二年（三一八年）三月，愍帝遇害的消息傳到建康，晉王司馬睿才改稱皇帝，史稱晉元帝。

東晉小朝廷草創，面臨的困難是很多人無法想像的。

原因很明顯：晉滅三國，江東是最後併入大晉版圖的。

而自吳主孫皓出降至「八王之亂」，前後時間才不過短短二十年！江東的士民，特別是名族，人心尚未歸附。

下面說一個小故事以充分突現東晉君臣初立國江東的尷尬。

我們知道，王、謝是東晉最鼎盛的兩大家族。

衣冠南渡，剛剛立足江東那時，王氏家族的領軍人物王導，有心結援吳人，打算與吳郡大姓陸氏聯姻，他派人向陸家當家人物陸玩請求通婚。

陸玩卻沒給他好臉色，回答說：「小山丘上沒有高大的松柏，香草和臭草不能放在同一個器皿中，我雖然沒什麼才能，但也不會開亂倫的先例。」

王導聽了回答，恨不得鑽地縫。

實際上，在晉武帝司馬炎剛死那時，就有不少江東名士冒出頭來，嚷嚷著要再造吳國，將司馬氏的勢力逐出江東。

這些人中，最活躍的是張昌。

張昌，差一點就成了大氣候。

張昌是義陽（今河南新野）人，他在晉惠帝太安二年（三〇三年）率先

第三章　東晉立國

舉事，占據江夏郡（以安陸，即今雲夢縣為中心的湖北省一部），易名為李辰。

另外物色了一個名叫丘沈的人，將他改名叫劉尼，詐稱漢室後裔，立為皇帝，跟匈奴人劉淵一樣，打出了興復漢室的旗號，兵出樊城，圍宛城（南陽），攻襄陽，聲勢很大。

張昌的部將石冰東進揚州、江州，另一部將陳貞攻陷武陵（今湖南常德）、零陵、長沙、武昌（今湖北鄂州）、豫章（今江西南昌）等地。

臨淮（今江蘇盱眙東北）人封雲起兵響應，進攻徐州。

這樣一來，張昌很快就占據了荊、江、徐、揚、豫五州的許多地方。

為了將張昌鎮壓下去，晉室以沛國相（今安徽濉溪西北）人劉弘任鎮南將軍、都督荊州諸軍事。

這個劉弘時年六十八歲，年紀很大了，不能打仗，但他大力任用了廬江尋陽（今湖北黃梅西南）人陶侃為將。

說起來，陶侃也已經四十五歲了，但絕對是名將。

後世大賢顏真卿曾向唐德宗建議，追封古代名將六十四人，為他們設廟享奠，陶侃赫然在列。

大宋宣和年間，宋室為古代七十二位名將設廟，其中也有陶侃。

而北宋年間成書的《十七史百將傳》，陶侃也位列其中。

劉弘慧眼識珠，任用陶侃為南蠻長史（南蠻校尉的幕僚長）、大都護，將軍隊交給他帶領。

士為知己者死，陶侃感激劉弘對自己的信任，以死相報，使出渾身解數，首戰就在竟陵（今湖北潛江西北）打得張昌潰不成軍。

此後，越戰越勇，越打越順手，連戰連捷，徹底平定了張昌之亂。

兩晉最英明神武的帝王，可惜命太短

　　西晉和東晉共享國一百五十五年，傳十五帝。

　　但這十五帝多是平庸之主。

　　如果要在這十五帝中評選一個最英明神武者，大家大概會毫不猶豫地選西晉開國皇帝司馬炎。

　　但史家卻多選晉明帝司馬紹。

　　晉明帝司馬紹是東晉開國皇帝司馬睿的兒子。

　　有一個小故事，可充分說明晉明帝的聰明。

　　據說，晉明帝很小的時候，坐在父親晉元帝的膝上。

　　有客人從長安來了，晉元帝和他談論起長安和舊都洛陽的情形，不知不覺地眼淚掉了下來。

　　晉明帝不明所以，問父親發生了什麼事。

　　晉元帝於是把晉室南渡的緣故告訴了他，並隨口問了一句：「你覺得長安遠還是太陽遠？」晉明帝想也不想，說：「太陽遠。因為有人從長安來了，卻從來沒聽說過有人從太陽那邊來的。」

　　晉元帝認為他的回答很妙。

　　第二天，在宴會大臣時，晉元帝把晉明帝的回答告訴了諸官員，又重問明帝這個問題。

　　哪知，這回晉明帝的回答是「長安遠」。

　　晉元帝的臉色變了，責怪他：「你今天說的怎麼跟昨天不一樣？」晉明帝奶聲奶氣地說：「現在舉目見日，卻不見長安。」

第三章　東晉立國

還有，晉明帝做太子時，想建造一個池臺，遭到了晉元帝的反對。

但晉明帝小小年紀，卻養有一批聽命於自己的武士。

他讓這批武士瞞著晉元帝，在一夜之間就建成池臺——後稱為太子西池。

看著生米已經煮成了熟飯，晉元帝也沒什麼話說了。

王敦造反，順江東下，到了石頭城，聽說群臣擁立了晉明帝，非常不滿，有意廢掉晉明帝。

他也知道晉明帝聰明過人，於是想用不孝的理由來行廢立之事。

於是，他面對來迎的群臣，大聲指責晉明帝不孝，還口口聲聲說：「這是溫嶠說的，因為溫嶠做過東官率，後來又擔任我手下的司馬，知道晉明帝種種不孝惡行，並且都告訴我了。」

王敦說得正起勁，溫嶠來了。

王敦就面露兇相，奮其威容，氣勢洶洶地向溫嶠質問說：「皇太子做人何似？」溫嶠不卑不亢地答：「小人沒有資格評價君子。」

王敦大怒，聲色並厲，準備以威力使溫嶠屈從，加重語氣問溫嶠：「太子何以稱佳？」溫嶠不得已，大聲回答說：「太子的知識廣博，鉤深致遠，本來就不是我們這些淺薄的人所能測度的。而且他以禮侍親，可稱為孝。」

王敦氣得團團轉，半晌說不出話來。

晉明帝在與王敦叛軍開戰之前，以萬乘之尊，帶幾名從騎去偵察王敦軍中的兵力部署。

因他的母親荀氏有鮮卑血統，所以他長有絡腮黃鬚。

聽說有黃鬚騎士在自己的地盤出沒，王敦從病床上驚起，大叫：「此必黃鬚鮮卑奴來也！」命騎兵四出追捕。

晉明帝策馬馳離，沿路每有停歇，便讓從人用冷水澆馬糞，追騎見馬糞冰涼，認定敵人偵騎已遠去多時，就悻悻回營覆命。

晉明帝因此全身而退。

某天，王導和溫嶠一起謁見晉明帝。

晉明帝向溫嶠問起了本朝一統天下的緣由。

溫嶠還沒來得及回答，王導搶先說：「溫嶠年少未諳，臣為陛下陳之。」

然後把當年司馬懿創業之始誅夷名族、寵樹同己的事蹟，以及司馬昭殺高貴鄉公曹髦的醜聞，一五一十地講了出來。

晉明帝聽後，呆若木雞，半晌回過神來，掩面伏在床上痛呼道：「如果像您說的那樣，晉朝天下又怎能長久呢？」《晉書》對晉明帝評價很高，稱其「聰明有機斷，尤精物理」，能「騎驅遵養，以弱制強，潛謀獨斷，廓清大氛」。

王夫之《讀通鑑論》更稱：「明帝不天，中原其復矣乎！」但是，《晉書》又說晉明帝「享國日淺」，王夫之則說他早夭。

那麼，晉明帝享國時間是多長呢？死時又是多少歲呢？晉明帝享國只四年，死年只有二十七歲，實誠為可惜。

第三章　東晉立國

> 此人老不正經，騙婚騙色？墓誌出土，謠言自破

劉琨，自然是兩晉年間的第一名士。

以至於後來的名士加梟雄桓溫視之為終生偶像，崇拜不已。

劉琨的外甥溫嶠也算得上大名士。

說起來，桓溫的名字就跟溫嶠有關：桓溫的父親桓彝是溫嶠的好友。

桓溫剛出生那時，溫嶠見了，奇道：「這個嬰孩骨骼不凡，讓他哭一下，我聽聽哭聲。」

待聽到哭聲，不由大讚：「真是天降英才！」桓彝因此以溫嶠之姓為兒子取名：溫。

溫嶠原先跟隨劉琨鎮守并州，匈奴人劉曜攻破長安，西晉滅亡，他被劉琨派往建康，擁戴司馬睿稱帝。

劉琨對溫嶠說：「晉祚雖衰，天命未改，吾當立功河朔，使卿延譽江南。行矣，勉之！」溫嶠沒有辜負劉琨重託，和王導、周顗、謝鯤、庾亮、桓彝等名士一同擁立司馬睿，是為晉元帝，東晉政權建立。

王敦、蘇峻兩場動亂的平定，溫嶠周旋其中，功不可沒。

溫嶠後來也因此拜驃騎將軍開府儀同三司，加散騎常侍，封始安郡公，邑三千戶，有「功格宇宙，勳著八表」之譽。

溫嶠病逝於咸和四年四月乙未，「江州士庶聞之，莫不相顧而泣。」朝廷贈侍中、大將軍，使持節，諡曰忠武。可以說，溫嶠是一個完人。

但是，《世說新語》裡記載了多則有關溫嶠的逸事，其中《世說新語·假譎第二十七》所記的〈溫公卻扇〉，讓後世對溫嶠頗有微詞。

此人老不正經，騙婚騙色？墓誌出土，謠言自破

溫嶠的妻子去世得早。

他有個堂姑劉氏，因為戰亂和家人失散，和女兒相依為命。

劉氏因女兒美麗聰慧，便拜託溫嶠幫忙物色一個好夫婿。

溫嶠早看中了這個年輕漂亮的表妹，就試探著說：「現在兵荒馬亂，佳婿難覓，如果能找得到一個人品像我這樣的，應該可以了吧？」堂姑說：「家庭喪亂變故，我們只求平平安安地過日子，就謝天謝地了，哪裡還敢奢望找到大姪子你這樣出色的人呢？」

沒幾天，溫嶠就正告堂姑：「親事有著落了，對方門第還算可以，名聲職位也不比我差。」並拿出一塊玉鏡臺，說是男方託轉交的定情物。

堂姑大為高興，親事算是定下來了。

舉辦過婚禮，入洞房了，新娘撥開面紗，一看新郎官，果然是溫嶠本人。

新娘忍不住笑了：「我本來就疑心是你。果然不出我所料！」

原來，那個玉鏡臺是溫嶠在劉琨手下任長史，與匈奴劉聰作戰所得的戰利品，一般人是不會有的。

從故事的結局看，表妹應該是樂意嫁給溫嶠的。

但後世還是有人認為溫嶠是乘人之危，**騙財騙色**，老牛吃嫩草。

二〇〇一年二月中旬，人們在南京北郊郭家山西南麓發現一座大型單室穹隆頂磚構墓葬。

墓葬早年被盜，但最為珍貴的墓誌尚在。

墓誌為近方形磚質，置墓室前部，隸書，豎行左讀，凡十行一百零四字，其中赫然有「使持節、侍中、大將軍、始安忠武公、并州太原祁縣都鄉仁義里溫嶠，字泰真，年四二，夫人高平李氏、夫人琅琊王氏、夫人盧

065

第三章　東晉立國

江何氏」字樣。

墓主溫嶠的婚配記載與《晉書‧禮志中》裡所記是一樣的。

《晉書‧禮志中》是這樣寫的：「驃騎將軍溫嶠前妻李氏，在嶠微時便卒。又娶王氏、何氏，並在嶠前死。」即溫嶠一生共娶過三位妻子，第一個是高平人李氏，在溫嶠尚未發跡前就病故了。

後來又先後娶了琅琊人王氏、廬江人何氏。

那麼，《世說新語‧假譎第二十七》所記的〈溫公卻扇〉中的從姑女劉氏，就只是故事人物了。

最後補充一下，考古專家在發掘了溫嶠墓後，又在該墓西側鑽探發現四座磚室墓葬，其中最大一座長逾八公尺。

南京市博物館於二〇〇一年九月至十月挖掘結束，挖掘發現，有三座墓葬時代為東晉時期，其中一墓出土溫嶠次子散騎常侍、新建縣侯溫式之磚質墓誌。

溫嶠墓是迄今為止南京地區發現的墓主身分明確、地位最高的東晉勛臣墓葬，該墓雖然幾經盜竊，但仍出土金、琥珀、銅、鐵、石、瓷、陶等質地文物八十餘件。

此人一曲驚散十萬兵

劉琨，字越石。

中山魏昌（今河北省無極縣）人，漢中山靖王劉勝之後，和劉備是同宗。

身為漢朝皇族的後裔,劉琨的家族在魏晉時期歷任高官,過著繁華奢侈的生活。

劉琨少年為官,混跡於各大娛樂場所,聲色犬馬,夜夜笙歌。

劉琨與大富豪石崇過從甚密,是金谷園的座上賓。

和賈謐、左思、潘岳、陸機、陸雲等人並稱「金谷二十四友」。

那是一段怎麼樣的時光呀?「金谷二十四友」日日賦詩作樂,呼酒買醉,醉生夢死。

但,這只是劉琨的一個表象。

在紙醉金迷的背後,劉琨本質上是一個以國事自許,慷慨激昂的熱血名士。

與好友祖逖一起擔任司州主簿時,劉、祖兩人同床而臥,同被而眠。

兩人意氣相投,英雄惜英雄,針砭時弊,縱論世事,共謀報效國家,都對每況愈下的政局充滿了憂慮。

每當雞鳴,兩人就互相踢醒對方,叫道:「天亮了,快起來練劍!」「聞雞起舞」的成語就因此而來。

兩人都預見國中將有兵刀之災,相互勉勵說:「若四海鼎沸,豪傑並起,就讓我們一起為國家出力,相避讓於中原。」

晉太安元年(三〇二年),劉琨得到了范陽王司馬虓的徵召,入伍從軍。

與祖逖告別時,劉琨興奮地說:「我每天枕戈待旦,就等待著這一天啊,真的很擔心我會落在你後面。」

他兩人之間有一個約定:看誰在沙場上建樹多。

在八王亂中原的日子裡,劉琨屢建奇功,幫范陽王司馬虓奪取了冀州

第三章　東晉立國

之地，還帶兵成功地救出陷於敵軍手中的父母，統率幾路軍馬直驅長安，奉迎晉惠帝司馬衷回洛陽。

因此，劉琨得封為廣武侯，食邑兩千戶。

晉光熙元年（三〇六年），晉惠帝司馬衷死，晉懷帝司馬熾立。

劉琨出任并州刺史、加振威將軍、領護匈奴中郎將，抵禦匈奴人劉淵的進侵。

不過，劉琨只得一個刺史的頭銜，並無一兵一卒，只在赴任途中邊走邊招募軍士，到了上黨，才聚集起一千餘人。

就憑著這一千餘人，劉琨竟然在板橋一舉擊潰了劉淵的伏軍，算是給這位匈奴人一記殺威棒。

但這場勝利並不能改變什麼。

劉琨到達目的地晉陽城後，還是忍不住大吃一驚。

這是一座實實在在的空城，城中杳無人煙，荊棘成林，豺狼滿道。

面對這種情況，過慣錦衣玉食生活的劉琨卻眉頭都不皺一下，堅定地把根扎下來，帶領手下剪除荊棘，重新建立了官衙，招集流民，發展生產，加強防禦。

遇到胡寇和塢堡強盜來襲，劉琨就率軍民據城堅守，與之相搏。

歷經多番廝殺，最終才在晉陽立定了腳跟。

劉淵當然不能容忍自己的睡榻之前有他人酣眠，揮軍進據河東，攻占蒲阪（今山西省永縣）、平陽（今山西省臨汾），決意清除劉琨。

劉琨毫無懼色，兵來將擋，水來土掩，依次將劉淵的攻勢化解掉。

劉淵手下的一萬多軍士迫於劉琨的威勢，竟然反戈一擊，反咬了劉淵

一口,改投到劉琨帳下。

劉淵怒火中燒,一狠心,將棺材本甩出,盡集傾國之兵將晉陽外三層、裡三層地圍了個水洩不通。

劉琨知大難將至,仍不退縮,憑城堅守,苦撐危局。

晉永嘉元年(三〇七年)深冬,寒風凜冽,圓月懸空,大地冷凝。

劉琨穿一襲白袍,乘月登樓,俯視城外連綿不斷的匈奴營帳,心中淒楚,愴然長嘯。

嘯聲清奇,劃破長空。

營帳中的匈奴士兵聞之色動,紛紛出營,遙望城樓上仰天長嘯的白衣人,寂然不動。

劉琨嘯聲連綿不斷,一聲長過一聲,一聲淒厲過一聲。

匈奴士兵陣陣騷然,四顧相嘆。

嘯聲停歇,劉琨取出胡笳,在水樣月光中,嗚嗚而奏。

匈奴士兵聽這胡笳聲,沉醉於宛轉淒傷中,流涕歔欷,懷鄉之思漸生,暴戾之氣盡去,愁腸百結,淚眼迷離。

一曲終了,數萬大軍,竟然拔營而走。

這就是中國古代戰爭史上的奇蹟:一曲胡笳退走數萬兵!劉琨所創的〈胡笳五弄〉(〈登隴〉、〈望秦〉、〈竹吟風〉、〈哀松露〉、〈悲漢月〉)也因此響絕了千古。

劉琨本人也因此成了流芳百世、垂範宇內的大英雄。

東晉大權臣桓溫於永和十年(三五四年)興三路大軍北伐苻秦時,一路順風順水,軍至長安城下。

第三章　東晉立國

關中父老帶酒肉前來勞軍，其中有一個老婦人，見了桓溫，怔怔出神，熟視良久，竟然嚶嚶而泣，淚流滿面。

桓溫怪而細詢。

一問，原來這老婦人曾做過劉琨的侍女，見了桓溫，思念舊主，不覺淚下。

桓溫自詡雄姿風流，向以司馬昭、劉琨一類英雄人物自比，興趣大增，問：「我與劉越石（劉琨字越石）相比，如何？」老婦人說：「你長得太像劉司空了！」桓溫歡欣鼓舞，喜不自勝。

想了想，入內上上下下整理了一遍衣冠，出來又問：「你再仔細看看，我哪些地方像劉司空？」

老婦人仔仔細細打量了一遍，說道：「眼睛很像，可惜小了點；臉龐很像，可是又太單薄了點；鬍子很像，偏偏又有點發紅；身形也挺像，可惜又矮了點；聲音也很像，可惜又多了點娘娘腔。」

桓溫一聽，大為掃興。

劉琨流芳千古，他與石敬瑭、吳三桂區別所在

在晉永嘉二年（三○八年）十月，劉淵在蒲子稱帝後，原先依附晉室的匈奴右賢王劉虎和白部鮮卑見風使舵，一齊倒向劉淵，俯首稱臣，共同對付劉琨。

在群狼環伺的險惡局勢下，為了化解危機，劉琨只好向鮮卑拓跋部酋長猗盧借兵。

拓跋猗盧表現得非常慷慨，接到劉琨的邀請，立刻遣發兩萬鮮卑騎兵前來助戰。

得了這兩萬生力軍，劉琨大發神威，一舉擊敗了匈奴劉虎、白部鮮卑。

作為感謝，劉琨在晉陽宴請拓跋猗盧，並與猗盧結為生死兄弟。

其後，又向朝廷上表，奏請拓跋猗盧為大單于，以代郡封之為代公。

代郡原在幽州王浚的轄境之內，劉琨此舉，正是有意借拓跋猗盧之刀來砍王浚。

果然，為了得到代郡，拓跋猗盧策動鮮卑騎兵一下子就把王浚駐紮在代郡的軍隊打散了。

拓跋猗盧的鮮卑部從雲中遷入雁山後，生存空間有限，為了能活下去，又向劉琨索求陘北之地。

劉琨沒有理由拒絕，而且又要倚仗拓跋猗盧為援，只好將樓煩、馬邑、陰館、繁畤、崞五縣（今山西省代縣以北的地區）的百姓遷往陘南，讓出陘北。

為得到異族的相助，以割地為代價，從這一點上來說，劉琨與後世的石敬瑭、吳三桂有很大的相似之處。

可是，石敬瑭、吳三桂兩人到頭來都落了個遺臭萬年的下場，而劉琨卻流芳千古，究其原因，就在於兩個字：態度。

石敬瑭、吳三桂兩人所想，就是憑藉異族軍隊來增加自己的力量以滿足自己個人的野心。

反觀劉琨，始終忠於晉室，在大是大非的問題上，一直堅持自己的原則，矢志不渝。

第三章　東晉立國

另外,拓跋猗盧與他的鮮卑部非但不敢對晉室有非分之想,還一心匡扶晉室。

且看劉琨和拓跋猗盧此後的合作過程及劉琨所作所為,就知道劉琨實在無愧於「大英雄」三個字。

晉永嘉五年(三一一年)年底,王浚集結了十萬之眾,氣勢洶洶地殺向劉琨,將劉琨的軍隊打敗,驅趕代郡、上谷、廣寧三郡百姓出塞。

就在劉琨戰事吃緊之際,拓跋猗盧派兒子拓跋六修領兵前來助戰,乾脆俐落地打退了王浚。

隨後,拓跋猗盧還讓兒子拓跋六修為晉朝守衛新興城(今山西省忻縣)。

新興城的晉將自感前途渺茫,竟瞞著拓跋六修向劉淵投降,不但殺散了拓跋六修的鮮卑軍,還引劉淵的匈奴兵入攻晉陽,殺害了劉琨的父母等家人。

劉琨從亂軍中殺出,僅餘十幾從騎,狼狽不堪地逃往常山。

拓跋猗盧得知劉琨途窮,慷慨相助,於晉建興元年(三一三年)十一月親率二十萬大軍與劉琨會合,一舉收復晉陽。

這還不算,拓跋猗盧表現得非常夠意思,催軍追擊,在藍谷(今蒙山西南)大敗劉淵的匈奴軍,伏屍數百里。

拓跋猗盧還要一鼓作氣直取劉淵的老巢平陽,可惜晉陽殘破,難於就糧,而且其軍遠道而來,士馬疲弊,急需休養,在劉琨的再三勸阻下,才恨恨收兵。

饒是如此,拓跋猗盧還是拍著胸脯答應一年後再引軍前來共攻平陽。

拓跋猗盧離開之時,留下了兵車百乘,馬、牛、羊各千餘,饋與劉琨,

以為軍資。

可惜,蒼天無眼,造化弄人。

劉琨與被他倚為強大後援的鮮卑老英雄拓跋猗盧這一別竟然成永訣——拓跋猗盧要立幼子拓跋比延為嗣,長子拓跋六修強烈表示不滿。

父子因此反目成仇,兵刃相見,鮮卑在內亂中崩潰,拓跋猗盧、拓跋六修父子均慘死於混亂之中。

劉琨的強大後援從此化為烏有。

不久,晉愍帝司馬鄴在長安出降,歷時五十二年的西晉王朝宣告滅亡。

劉琨明知事不可為,仍然奮然前行,一心興復晉室。

在四下轉戰中,劉琨兵力越來越微,最後不得不棄守晉陽,率眾從飛狐入薊,投到坐據薊城的鮮卑人段匹磾帳下。

段匹磾也是忠於晉室的英雄豪傑,他和劉琨歃血為盟,矢志共扶晉室。

可是,因為奸人從中作梗,劉琨還是在一個極其劣拙的反奸計中被段匹磾斬殺。

其實,劉琨離開晉陽時,也深知此行凶多吉少,但慮及國恥難雪,希望能抱至誠之心,成萬一僥倖之志,毅然入薊。

他言必慷慨,悲其道窮,曾寫有一首五言詩贈別駕盧諶,詩中的最末兩句「何意百鍊鋼,化為繞指柔」,為千古絕唱。

第三章　東晉立國

第四章
半壁河山

第四章　半壁河山

> ### 祖逖是百年難遇的良將，
> ### 為何不能取得北伐勝利？

西晉建興元年（三一三年），晉愍帝以司馬睿為左丞相，要其率兵直攻洛陽。

可是司馬睿只以祖逖為將，提供了一些軍械糧草，讓其招募士兵去渡江北上，沒有提供一兵一卒。

這並非司馬睿不想克復神州，而是力不能逮。

因為，早在永嘉五年（三一一年）正月，成都人杜弢就在湘州起事，自稱梁益二州牧、平難將軍、湘州刺史，連破零陵、桂陽，東掠武昌郡境（治今鄂州，郡境包括長江以南今湖北南部及江西的一部）。

第二年，原新野王司馬歆帳下牙門將胡亢也在竟陵（今湖北）聚眾起兵，自稱「楚公」，禍亂荊州一帶。

這兩大煞星作亂，江東局勢傾危，司馬睿自顧不暇，又哪裡顧得上去攻打洛陽？又哪裡顧得上去解長安之圍？祖逖，字士雅，河北省范陽縣（今河北省淶水縣）人，是劉琨的好朋友，世代為北州大姓，父親祖武，曾為上谷（今河北省懷來縣）太守。

父親去世時，祖逖年紀尚幼，生活由幾個兄長照料。

祖逖生性豁蕩，不修儀檢，輕財好俠，慷慨有節尚，為時人所重。

太康年間，二十出頭的祖逖與劉琨一起任司州主簿，兩人意氣相投，惺惺相惜，互相激烈，以忠義報國自許。

歷時十六年的「八王之亂」爆發後，祖逖和劉琨分頭投身到報國事業

中去,他先後擔任了齊王司馬冏大司馬府的掾屬、長沙王司馬乂驃騎將軍府的祭酒和主簿,稍後又遷任太子中舍人、豫章王從事中郎等。

洛陽陷落,晉室日漸淪於喪亡,北方人民紛紛逃亡到南方避難。

祖逖拒絕了關東的范陽王司馬虓、高密王司馬略、平昌王司馬模等人的邀請,率親族鄉黨數百家避亂於淮泗(今江蘇省徐淮地區)之間。

逃難路上,祖逖躬自步行,把自己的車馬讓給老弱疾病的人,衣糧藥物施予有急之人。

遇上亂世盜寇,祖逖則不避險難,挺身而出,率眾以鬥。

大家既感激他,又敬佩他,一致推舉他擔任流亡隊伍中的首領。

走到了泗口(今江蘇省徐州市),坐鎮建鄴(今江蘇省南京市)的琅琊王司馬睿任命他為徐州刺史。

後來,又任他為軍諮祭酒。

祖逖在京口(今江蘇省鎮江市)定居下來後,大肆招收亡命之徒,經常打劫江南富戶。

祖逖此舉,遭受了許多非議,但他置若罔聞,依然故我。

祖逖糾集這麼多死士,劫掠這麼多財富,到底意欲何為?等到司馬睿任命祖逖為奮威將軍、豫州刺史、前鋒都督出師北伐時,這裝在葫蘆裡的藥才悉數倒了出來。

可憐的司馬睿是泥菩薩過江,自身難保,根本無法提供北伐的軍隊和裝備給祖逖,僅僅支持了一千人的糧餉,三千匹布。

祖逖就是憑藉著劫來的財富,以幾百死士為基礎,大肆招兵,居然集結起了一支北伐軍隊!大船渡江北上,船至中流,祖逖看著洶湧翻滾的

第四章　半壁河山

滔滔江水，心胸激盪，熱血湧動，用力拍擊著船楫，高聲起誓道：「祖逖如若不能平定中原，收復失地，當如此大江，一去不復返！」這就是成語「中流擊楫」的由來。

渡過長江，祖逖所面臨的頭號敵人就是割據冀、豫一帶，擁兵十多萬的漢將石勒。

此外，還有各處流民軍和地方武裝。

祖逖先收攏晉室遺民的民心，掌控住戰場上的主動，再從容與石勒軍反覆纏鬥，在江北站穩了腳跟。

可惜的是，就在祖逖軍力日漸豐實，準備渡河北進、清定中原之際，晉元帝司馬睿對他產生了疑忌，於晉太興四年（三二一年）七月任命戴淵為都督兗豫雍冀並司六州軍事、征西將軍，出鎮合肥，以對他形成牽制。

此外，江東又傳來王敦與劉隗交惡、互相攻訐的消息。

祖逖仰天長嘆，心想，外寇未除，內亂先起，北伐還有什麼希望？由此心力交瘁，憂憤成疾。

晉太興四年（三二一年）十月，天文有變，有流星墜落。

祖逖仰視星空，涕淚紛飛如雨下，嘆息道：「將星墜落，這星是應在我身上了！我原想進軍平定河北，而天欲亡我，這是國家的不幸啊。」

幾天後，祖逖溘然辭世，時年五十六歲。

「我不殺伯仁，伯仁因我死」的典故出處，故事讓人唏噓感慨

相信很多人都聽說過「我不殺伯仁，伯仁卻因我而死」這句話，但未必知道這句話的出處及它背後的故事。

伯仁是兩晉大名士周顗的字。

周顗是汝南安成（今河南省汝南縣）人，出身世家大族，父親是參與滅吳戰爭的安東將軍周浚。

周顗很小的時候，便擁有了很高的聲譽，神采俊秀，為前輩名士所看重，同輩人在他面前，都不敢輕慢放肆。

司徒掾賈嵩有清高的節操，卻向來自視極高，不把他人放在眼裡，但初見少年周顗，便為其俊朗風采所驚絕，大讚道：「汝潁固多奇士！然雅道不興已久，今日復見周伯仁，將振起舊風，清我邦族矣！」周顗的堂弟周穆也是翩翩美少年，有俊姿容、有美聲譽，卯足勁想超越周顗。

周顗毫不介意，也不與他計較。

人們也因此傾慕周顗。

周顗的親弟弟周嵩某次喝多了，酒後吐真話，責問周顗：「你的才氣比不上我，為什麼竟然出人意料地獲得了崇高的聲望？」越說越惱火，竟然拿蠟燭擲向周顗。

周顗面色如常，徐徐出語道：「阿奴火攻，固出下策耳。」

事後，周顗也並不把這事放在心上。

另一個弟弟周叔治被任命為晉陵太守，周顗和周嵩一起去送別。

第四章　半壁河山

周叔治因為將要與兄弟分別，淚流不止。

周嵩生氣地說：「斯人乃婦女，和人分別，唯知啼哭。」

說完起身憤然離去。

周顗卻一個人留下來，和周叔治喝酒聊天，臨別流淚，撫著周叔治的背說：「你一定要珍重自己。」

魏晉的選官制度是九品中正制，中央和地方都可以自行聘任官員，面對地方的多次徵辟，周顗都拒絕不出。

當父親周浚死去，身為長子的他才承襲了父親的爵位武城侯，封祕書郎。

廣陵郡（今江蘇揚州）人戴淵是個很有意思的人。

他年少時品行不謹，常與市井無賴廝混，並有過一段不光彩的盜匪生活，和一幫市井無賴在長江、淮河間劫掠來往客商的財物。

大名士陸機回江東度假後返回洛陽，財物很多。

戴淵就帶領一幫手下去搶劫。

他讓人攜帶來坐床，自己坐在床上頤指氣使，眾盜匪唯唯諾諾，心服口服。

陸機讚嘆他風度儀態不凡，在船上高聲遙問：「卿才如此，奈何做賊？」長期以來，戴淵沉迷於不法勾當，自我感覺良好，聽陸機問話，忽如醍醐灌頂，感悟流淚，扔掉了手中劍，叱散賊眾，投靠了陸機，跟陸機做學問。

在洛陽，戴淵聽多了周顗的大名，不服，登門前往拜訪。

但見了周顗，為周顗的氣度所懾，話也不敢說，對坐了好久，最終默默離開。

「我不殺伯仁，伯仁因我死」的典故出處，故事讓人唏噓感慨

周顗好飲酒，能飲酒，善飲酒，酒量很大，從來都是酒到杯乾，非常豪爽。

南渡之前，周顗的酒量有一石。

南渡之後，周顗天天沉醉，還常說飲酒沒有對手。

他也是這段時間出任僕射之職，醉多醒少，常因酒而出現過失，人稱「三日僕射」。

某日，有過去曾在洛陽一起飲酒的對手到了建康，周顗高興得不得了，拿出兩石酒對飲，結果雙雙酩酊大醉。

但是，周顗酒醒之後，推看那位客人，已醉死氣絕了。

周顗酒醉之後，常常管束不住自己，說出些忤逆聖聽的話。

某次，晉元帝在西堂大宴群臣，在酒酣歌熱之際，元帝大聲說：「我朝今日名臣濟濟一堂，可以說和堯舜之世不相上下啊。」

周顗不滿，說：「可惜同樣是人主君王，卻不能和堯舜聖世相提並論啊。」

元帝酒氣上湧，大怒，下詔書將周顗下獄，宣布來日處死。

但元帝酒醒後怒氣全消，趕緊讓人把周顗放出。

大家都跑去探望，周顗悻悻然說：「這個罪，我早就知道不至於送命。」

此事過後，周顗還是有酒必喝，喝酒必醉，從而又好幾次酒醉失態違背了禮儀，被有司參奏。

晉元帝不得不替他打圓場，說：「周顗居高位，掌管百官銓選評議，應當謹慎恭肅，為百官之楷模。卻屢次因酒有失，被有司所舉檢。朕知道其是處於極度高興之時難有控制，但畢竟為沉湎於酒之誡。朕相信他一定能夠克制自己而復守禮儀，處罰暫時就免除吧。」

第四章　半壁河山

　　王導也曾與周顗狎飲，王導量淺，三五杯黃湯落肚，就不能自持，醉倚在周顗的腿上，摸著他的肚子問：「這皮囊裡裝的是什麼？」周顗豪語道：「裡面空洞無物，但足可以裝得下數百個像你這樣的人！」應該說，這時的周顗，還沒有真正認知到王導的強大。

　　直到後來發生了兩件事，才改變了他的看法。

　　第一件事：南渡之後，諸過江人士，每到晴和美日，就會相邀在新亭喝酒。

　　周顗喝了幾杯，心懷故國，愁雲萬里，頹然而嘆：「風景不殊，正自有山河之異！」大家聽了他的話，都觸景傷懷，相視而泣。

　　只有王導，他愀然變色地喝斥說：「當共勉力王室，克復神州，何至做楚囚相對泣邪！」眾人肅然改容，內心為之一振。

　　第二件事：晉元帝寵愛鄭后，想廢掉明帝，改立簡文帝為皇位繼承人。

　　大家都認為捨長立幼不合禮制，強烈反對。

　　元帝想來想去，想在周顗和王導身上做文章，以他們來做突破口，就事先寫好了改立詔書，讓人傳周、王二人入宮。

　　使者傳令的時候，周顗不明真相，順著臺階往後退了幾步。

　　王導卻不由分說，一把推開使者，直接闖進宮裡，大聲質問元帝說：「不知道陛下召見微臣意欲何為？」晉元帝一時語塞，抖抖簌簌地從懷裡掏出另立太子的詔書，一片片撕碎，扔到地上。

　　這樣，皇位繼承人才徹底確定了下來。

　　周顗因此感慨說：「我常自言勝茂弘（王導字茂弘），今始知不如也！」以後，兩人再狎玩，周顗趁酒興傲然嘯詠。

「我不殺伯仁，伯仁因我死」的典故出處，故事讓人唏噓感慨

王導問：「你想學嵇康、阮籍嗎？」周顗回答說：「何敢近舍明公，遠希嵇、阮？」對王導尊敬異常。

王導的堂弟王敦舉兵作亂，晉元帝非常惱怒。

有人勸元帝將王氏一族滿門抄斬。

但元帝只是惱怒王敦的狂悖無禮，對向來在朝中謙恭自省、低調做人的王導並無過多怪罪，而且與王敦的爭鬥才剛剛開始，一下子還不敢把事情做絕，一時間拿不準主意怎麼處理王導，便召尚書左僕射周顗入宮商議。

恰巧，王導正誠惶誠恐地入朝請罪，兩人在朝門遇上了，王導也知元帝召見周顗的用意，清楚自己一族的生死相當程度上取決於他的說話，就低低地哀求說：「伯仁，我宗族百餘口人的性命全都拜託您啦！」周顗也是剛剛聽到王敦起兵的消息，心亂如麻——這之前劉琨的妻姪溫嶠曾問他：「大將軍這次的舉動好像是有所指向，應當不會超過了限度吧。」

周顗的回答是：「你還年輕，很多東西還不懂。君主又不是聖明的堯舜，怎會沒有過失？但身為臣子的，怎麼可以因為聖上的一點過失就以武力威逼呢！主上是大家一起推戴的，這才幾年時間？如果人人都來那麼一下，天下不就大亂了？王敦剛愎殘忍，目無君上，他的意圖還會有限度嗎？」因為內心在想著事，周顗對王導的呼喚恍若未聞，只管大步如飛入宮。

王導看他愛答不愛理的樣子，心裡就直打鼓。

他在宮門外跪了兩個時辰，天色擦黑，才看見周顗醉醺醺地出來，趕緊上前探問情況。

哪料，周顗已經醉得暈暈乎乎了，嘴裡咕咕噥噥地說：「今年殺了這些賊奴，就可以將斗大的金印掛在手臂上了！」在左右從人的攙扶下走了。

第四章　半壁河山

王導心裡一沉，認定王氏一族要完蛋了。

哪知，第二天，晉元帝命人送來朝服給他，召其入內覲見。

王導頓感生機重現，見了元帝就下跪叩首請罪。

晉元帝來不及穿鞋，光著腳下座，拉著他的手說：「茂弘，朕正要把朝廷重任交給你，你這是什麼話呢？！」王導雖然躲過一劫，以後每想起周顗見死不救的情景，都大為恚恨。

實際上，那天周顗入見了晉元帝，便盛稱王導之忠義，深加求護。

晉元帝也念及王導的種種功業，同意了他的要求，並賜酒周顗。

周顗心情舒暢，盡醉而出。

第二天酒醒，周顗又深恐元帝反悔，再度上表力陳王導無罪，言辭懇切。

永昌元年（三二二年）四月，晉元帝以王導為前鋒大都督，以戴淵為車騎將軍，自己身穿甲冑，親率軍隊迎戰王敦。

但王敦勢大，很快打進了石頭城。

晉元帝成了個光桿司令，身邊只有值勤的兩個太監侍立。

他放低姿態，派人向王敦傳話：「公若不忘本朝，則天下尚可共安；如其不然，朕當歸琅琊以避賢路。」

又命公卿百官齊去石頭城拜見王敦。

王敦得意揚揚地接見眾臣，見了戴淵，語帶嘲諷地問：「前日大戰，現在還有餘力否？」戴淵怒道：「說什麼有餘，只恨力不足！」王敦敬他是條好漢，點了點頭，又問：「我今日起兵，天下人會怎麼看這件事？」戴淵怒目而視，答：「只知其表者，就罵你是逆賊；體諒到內情者，就稱你是忠臣。」

王敦笑道：「好一個油嘴滑舌的老匹夫。」

> 「我不殺伯仁,伯仁因我死」的典故出處,故事讓人唏噓感慨

　　王敦又埋怨周顗道:「伯仁,你有負於我!」說起來,王敦早年很是崇拜周顗,以至於每見了周顗,他都面紅耳赤,即使在寒冷的冬天,也不停地用手往臉上搧風。

　　這會兒,他居高臨下地埋怨了周顗這麼一句。

　　周顗啐道:「你領兵犯上作亂,我親率六軍,未能把事辦好,使得王師敗績,確實有負於你!」王敦看周顗正氣凜然,竟迴避他的目光,不敢對視。

　　王敦因為還沒想到下一步是要篡位自立呢,還是另立司馬氏其他王爺為帝呢,就沒有展開進一步行動。

　　晉元帝一看有和解的機會,就使勁地為王敦封官,封他為丞相、都督中外諸軍、尋尚書事。

　　但王敦拒絕接受。

　　拒絕接受,就是拒絕和解。

　　空氣一下子就凝固了。

　　晉元帝倒吸涼氣,趕緊找周顗來商議對策,問:「近日出現了這等大事,朕與皇太子都無恙,諸人也都平安,大將軍應該不負眾人所望吧?」周顗回答:「皇上、皇太子自可萬全,但臣等是否平安尚未可知。」

　　從後來發生的事來看,周顗的判斷很準。

　　當時,有人勸周顗外逃,躲避王敦。

　　周顗奮然答道:「我身為國家大臣,現朝廷喪亂,我豈能求活命而外逃胡、越之地!」王敦那邊,也正想拿周顗、戴淵開刀立威,但又考慮到周、戴兩人名望太大,殺了不知會引起什麼惡性後果,就向堂兄王導徵

085

第四章　半壁河山

詢，問：「周顗、戴淵，乃是一南一北的大名士，可以做三公吧？」王導沒有說話。

王敦又問：「那麼，做尚書令、僕射之官總可以吧？」王導仍舊沉默。

他腦海裡出現的，就是那天周顗對自己視而不見、見死不救的情形，心裡有殺意。

王敦看他不說話，就說出自己的真正用意：「如果不能用他們，就只能殺了他們了。」

王導還是不說話。

好，不說話，就是預設同意了。

王敦回頭隨意捏造了個罪名，將周顗和戴淵逮捕，押往石頭城處決。

路經太廟，周顗痛罵：「天地先帝之靈；賊臣王敦，傾覆社稷，枉殺忠臣，凌虐天下，神癨有靈，當速殺王敦，休讓他再次橫行，以致傾滅王室。」

押送軍人聽了，惶恐畏懼，用利戟刺爛他的嘴，讓他不能再罵。

周顗嘴裡的血大口大口落到腳上，但他顏色不變，容止自若，被殺時，年五十四歲，觀者落淚。

周顗死後，王敦派人去抄沒他家，只收得幾隻空簍子，裡面裝的全是些舊棉絮，還有酒五甕、米數石，僅此而已。

王導後來處理中書省的遺留事項，看到了周顗為解救自己而上的奏書，內容極讚自己忠誠，殷切誠懇，不由得心如刀絞。

他執表流涕，悲不自勝，回來對自己的幾個兒子說：「我雖沒有殺伯仁，可伯仁是因我而死啊。幽冥之中，負此良友！」

此人被迫起兵造反，
只因酒後上戰場逞勇，大業泡湯

晉明帝司馬紹在平定王敦後，因病逝世，年僅二十七歲。

五歲的皇太子司馬衍即位，是為晉成帝。

晉明帝的皇后庾氏以皇太后身分臨朝稱制，朝中大權落在了庾太后的哥哥中書令庾亮的手上。

庾亮，字元規，穎川鄢陵（今河南鄢陵北）人，姿容俊美，愛好《老》、《莊》，善於談論。

他在明帝朝做過中書監，也領兵參與過平定王敦叛亂的戰爭。

在戰爭過程中，明帝曾派他到蕪湖與王敦議和。

王敦與他長談，頗為欽佩。

不過，庾亮有一個致命缺點：為人古板。

他為人嚴峻莊重，一舉一動都追求遵守禮制和法度，即使在自己的寢室，也嚴格遵守執行。

之前在元帝和明帝朝，主政的是王導，王導為人寬和，待人以寬。

庾亮本身古板嚴厲，上臺後又矯枉過正，處處從嚴治國，引起怨恨聲一片。

其實，細看他做的那些事，也沒辦法讓眾人不怨。

首先，他當權後，就大樹假想敵，認為司馬家族中的司馬宗、司馬羕等人會威脅到外甥司馬衍的皇權地位，磨刀霍霍，要將此兩人除去。

這司馬宗和司馬羕可都身在當年「衣冠南渡」時「五馬化龍」中的「五

第四章　半壁河山

馬」之列，當時的五馬是指琅琊王司馬睿、弋陽王司馬羕、南頓王司馬宗、汝南王司馬佑、彭城王司馬紘。

琅琊王司馬睿就是晉元帝，另外的汝南王司馬佑和彭城王司馬與晉元帝都已辭世，剩下的就是司馬宗和司馬羕年已五六十歲，資格最老。

庾亮並不因為他們年紀大而放過，就衝著他們的資歷深，必欲除之而後快。

另外，他和司馬宗也有積怨──明帝生病時，庾亮強行要進宮奏事，司馬宗當時和虞胤分任左、右衛將軍，率領禁兵，不肯放行。庾亮由此懷恨於心。後來明帝病重，不想接見臣下。

庾亮更加懷疑是司馬羕、司馬宗兄弟從中挑撥離間，又硬闖進宮，要求罷黜司馬羕、司馬宗兄弟，但沒有得到明帝同意。

現在，明帝已崩，庾亮大權在握，當然不肯放過司馬宗兄弟了。他以謀反罪將司馬宗斬殺，將司馬羕降為弋陽縣王。

庾亮這麼做的時候，並沒經過晉成帝同意，他以為，小屁孩一個，懂什麼？這個國家還不是我說了算？但是晉成帝司馬衍雖然只有六歲，卻很機敏，多日不見曾叔祖公司馬宗身影，便嚴肅質問庾亮：「平日見到的白髮爺爺去哪了？」庾亮想也不想，答道：「那人謀反，已被誅除了。」

那司馬宗以前非常疼愛成帝，經常抱著他玩耍。成帝呢，就揪著司馬宗的白鬍子玩，爺孫間感情很深。

這會兒，聽說這個白鬍子叔祖被殺，成帝不由得悲憤莫名，斥責道：「舅父說別人是逆賊，就殺了他；那麼別人說舅父是逆賊，又當如何？」庾亮聽了，心肝兒顫了幾顫，臉色變得蒼白。

所幸成帝還小，旁邊又有庾太后用牙尺在管教和敲打，庾太后罵成

帝：「小孩子如何說這種話？」此事算是不了了之。

但是，庾亮的下一步動作就弄出大事件了。

當時，東晉的軍權被三個人掌握，他們是陶侃、祖約和蘇峻。

庾亮認為，陶侃為荊州刺史，坐擁上流之地，一旦有變，位居下游的建康就岌岌可危。

祖約是祖逖的胞弟，祖逖死後，代兄職，為平西將軍、豫州刺史。

祖逖剛剛辭世不久，祖約的異母兄祖納就曾密奏晉元帝，說祖約藏有禍心。

蘇峻，字子高，長廣郡掖縣（今屬山東萊州）人，原是一介書生，永嘉之亂時，百姓流亡，蘇峻糾合了數千人南渡，被晉元帝任為鷹揚將軍。

他歸順朝廷之後，一心一意想靠打仗建功。

在這次平定王敦叛亂中立有大功，得授冠軍將軍、歷陽內史，封邵陵公，駐守歷陽，威望逐漸日隆。

庾亮打算解除這三個人的軍權。

當然，不能一齊動手，得逐個擊破。

先擊誰呢？庾亮看準了蘇峻。

原因是司馬宗死後，其部下卞闡逃到了蘇峻處，庾亮讓蘇峻交人，蘇峻推說沒有這人。

因為這事，庾亮恨上了蘇峻，他以朝廷的名義徵召蘇峻為大司農，加散騎常侍，位特進，說是要他入朝輔政，實是剝奪他的軍權。

蘇峻靠的就是軍隊建功立業，要他離開軍隊，以後還有什麼前途？聽到要徵召他，便回應說：「如果要蘇峻在外邊討伐賊寇，無論遠近都聽朝

第四章　半壁河山

廷調遣，如果要蘇峻入朝廷輔政，這實在是我無力勝任的。」庾亮不依。

為了加大壓力，他又派軍駐於蘇峻軍隊周圍，嚴加防備。

這等於是架著刀子逼蘇峻造反了。

但蘇峻還有幻想，還不想走到這一步，上表哀求說：「從前明帝拉著我的手，命我北上討伐胡寇。現在中原未靖，我於心何安！乞請補授青州境內的一個偏遠小郡，讓我為朝廷效鷹犬之勞。」

蘇峻的話表達得很清楚：只要和自己的軍隊在一起，無論上哪兒都行。

但庾亮威嚇蘇峻，警告他不許和朝廷討價還價，要他盡快穿上朝服赴召。

蘇峻的謀士勸蘇峻說：「將軍請求到一個偏遠小郡都不被允許，形勢竟至這樣，恐怕沒有活路了，不如勒兵自守。」

蘇峻於是將心一橫，拒絕應召。

庾亮大怒，派人威脅蘇峻，你還不趕快動身，難道是想造反嗎？蘇峻只好撕破臉面了，大罵道：「庾亮已經認定我要造反，我入京還能活嗎？我寧可站在山頭看法庭，也不想到了法庭再望山頭。

往日國家危如累卵，沒有我蘇峻就要完蛋了，現在，哼，兔死狗烹，不過我當以死報答製造陰謀的人！」蘇峻鐵下心造反，舉兵前，派人聯繫祖約。

此前，後趙石勒的軍隊曾攻打坐鎮壽春的祖約，祖約多次上表請求救兵，庾亮卻見死不救，拒絕發兵。

最終，是蘇峻主動出兵，幫祖約解了圍。

祖約對朝廷之前的表現已經心灰意冷，難得蘇峻相邀造反，便痛痛快

快地派姪子祖渙、女婿許柳率軍前去協助蘇峻。

蘇峻是真能打。

他會合了祖約遣來的祖渙、許柳兩軍，共兩萬多人，渡過橫江（今安徽省和縣），連戰連捷，長驅直入，很快攻陷了建康城。

原本，庾亮派溫嶠為都督江州諸軍事、江州刺史，鎮武昌（今湖北鄂州），目的是要在上流設定重鎮，牽制荊州陶侃和歷陽蘇峻。

現在，建康危急，溫嶠打算領兵東下，保衛京師。

庾亮還辨不清形勢，以為蘇峻不過是一條小泥鰍，濺不起大浪花，他寫信給溫嶠，說：「我擔心西面（指荊州陶侃）比擔心歷陽（指蘇峻的歷陽叛軍）更甚，足下切勿過雷池（今安徽省望江縣東南）一步。」也就是說，庾亮怕陶侃叛變，要溫嶠在原地戒備。

結果，蘇峻勢如破竹，一下子就攻到了建康城下。

庾亮這才慌了手腳，親自領兵在建康城宣陽門（南面正中的城門）布陣。

可惜士兵不聽指揮，拋棄武器四散逃散。

庾亮叫苦連天，只得匆匆上船逃往尋陽尋找溫嶠的保護去了。

王導之前應付過王敦之亂，有經驗，還算鎮定，他在叛軍攻入建康時，命侍中褚翜請成帝出來，在正殿上坐定。

叛軍很快殺到宮裡來了，喝斥著，要王導他們出去。

王導大聲喝道：「蘇將軍自歷陽來覲見聖上，你等軍人休得無禮！」這些士兵還不清楚蘇峻對晉室君臣是什麼樣的態度，聽了這聲斷喝，便灰溜溜地出了大殿，往後宮搶掠去了。

一場搶掠過後，庫府裡的二十萬匹布、五千斤金銀、億萬錢、數萬匹

第四章　半壁河山

絹全部被搜搶一空。

蘇峻控制了建康，對皇帝、對王導都不得罪，自己封自己為驃騎將軍、錄尚書事；封祖約為侍中、太尉、尚書令，許柳為丹陽尹，祖渙為驍騎將軍。

庾亮逃到尋陽見了溫嶠，終於想通了，聽溫嶠的建議，請求陶侃出馬平亂。

駐屯在荊州的陶侃原來就和蘇峻、祖約一樣，是庾亮要打擊的對象，現在，庾亮不得不拉下老臉去求他。

所幸，陶侃以國事為重，傳檄天下，痛陳蘇峻、祖約叛逆之狀，移告征鎮，共同發兵。

名將出馬，局勢陡然改觀。

咸和四年（三二九年）三月，陶侃與庾亮、溫嶠、趙胤合兵，進逼蘇峻主力。

蘇峻率領八千人迎擊。

交戰一開始，蘇峻的兒子蘇碩和蘇孝帶數十名騎兵前去衝擊趙胤軍的陣腳。

蘇碩和蘇孝異常勇猛，左衝右突，一下子就打亂了趙胤軍陣形。

在後面掠陣的蘇峻滿心歡喜，向部下索酒，連喝了數盅，酒勁上頭，竟然乘著酒勇逞起強來，喝道：「小兒輩能破賊，老夫難道不如他們？」一句話沒說完，蘇峻就單槍匹馬向朝廷軍隊衝去。

部下嚇得大驚失色，紛紛跟著護主。

可惜，蘇峻騎的馬太神駿，遠遠地把部下拋在了後面。

趙胤軍中的牙門彭世、李千等人認得蘇峻，呼嘯著衝上前圍攻，用長矛投擲。

蘇峻被刺中墜馬，被斬首分割，焚燒屍骨。

蘇峻既死，祖約率家族及親信數百人逃奔石勒（後被石勒斬殺），小皇帝被順利救出。

戰後論功，陶侃為侍中、太尉，封長沙郡公，溫嶠為驃騎將軍，始安郡公。

引出這場兵變的始作俑者庾亮上書請罪，聲稱全家歸隱田園，做山野百姓去了。

但有庾太后在，被聖旨攔回，仍封為豫州刺史，出鎮蕪湖。

說說兩晉年間那幾個輔佐異族的漢人

大家都知道，中國有四大名著——《三國演義》、《水滸傳》、《西遊記》、《紅樓夢》。

這四大名著無疑代表了中國古典小說創作的四個高峰，後世模仿它們創作出來的小說不計其數，而圍繞著它們「狗尾續貂」式地創作出的「前傳」、「後傳」、「別傳」、「續傳」、「再傳」……也是花樣繁多。

不用說，這些依附名著而產生的衍生物，絕大部分都是低劣之作，不堪入目。

這其中，有一本署名為明人酉陽野史的《續三國演義》（又名《三國志

第四章　半壁河山

後傳》，全稱為《新刻續編三國志後傳》），尤其令人啼笑皆非。

這部小說構思荒誕，寫的是三國歸晉後，蜀國君臣後人流落四方，更名改姓，重建功業的故事。

書中將匈奴人劉淵寫成了劉禪的皇孫。

羯族人石勒則寫成是趙雲後人，本名趙勒，後認歷史上有名的大富豪石崇為義父，改姓石。

石勒手下的謀士張賓是張苞小妾所生⋯⋯凡此種種，不一而足，竟然也洋洋灑灑，敷陳成十卷一百四十回的大書。

而稍微有點歷史常識的人都知道，劉淵劉聰父子、石勒石虎叔姪罪惡滔天，肆意發動戰爭，殘殺百姓，使中原處在水深火熱的深重苦難之中。

書中卻為這些人大唱讚歌，顯然是正邪不分、善惡不辨，顛倒了黑白、混淆了是非。

元康九年（二九九年），西晉官員江統曾寫《徙戎論》，提出了「非我族類，其心必異」的觀點。

劉淵劉聰父子、石勒石虎叔姪都有別於漢族，他們興風作浪、禍害人民，已使人目皆欲裂，而那些為他們出謀劃策、為虎作倀的張賓之流，應遭到永遠的詛咒。

《續三國演義》卻把這些人全都刻劃成不世出的英雄、百年罕得一見的豪傑，實在讓人無語。

實際上，在兩晉南北朝的三百年時間內，像張賓這種助紂為虐的漢人還真不少，名氣比較大的，除張賓之外，還有王猛、崔浩。

先來說說張賓。

張賓，趙郡中丘（今河北內丘西）人，自幼喜歡讀書，博覽經史，有妄想症，常常向周圍的人自吹自擂說：「我的神機妙算絕不遜色於張良張子房，只可惜我沒有遇到屬於我的漢高祖！」西晉「八王之亂」爆發，中原板蕩，匈奴人劉淵趁勢而起，割據并州自立，稱漢王，建立漢國（後改為前趙），封羯胡人石勒為輔漢將軍，攻略於山東。

奴隸出身的石勒為人殘暴，打仗不怕死，在流竄作戰中多有勝績，其一手炮製出來的最大血案就是在苦縣寧平城（今河南鹿邑西南）將西晉包括王公大臣在內的十餘萬之眾一股腦射殺，旋攻入京師洛陽，俘獲晉懷帝，殺王公士民三萬餘人。

此災難發生在永嘉五年（三一一年），西晉中央政府的有生力量全部毀於一旦，史稱「永嘉之難」。

「永嘉之難」和後世的「靖康之難」並列為中原漢民族的兩大災難，均為漢人政權治所被外族攻破後統治集團幾乎全滅的大慘劇。

身為漢人的張賓不但不同仇敵愾，反而對石勒讚賞有加。

他在家裡詳細統計了石勒的一系列勝績，認為這個羯胡人就是個漢高祖式的人物，喜孜孜地對親朋好友說：「我遍觀當下人物，只有這個羯胡將軍可成大事！」說完便收拾好自己的衣物，揣著一柄長劍，興沖沖地前往投奔石勒。

石勒讀書少，打仗雖狠，卻沒有策略眼光。

他在河北大地殺伐多年，軍事力量強勁，卻不懂得建立固定的根據地，倏來倏往，飄忽不定，沒有立國之本。

張賓一來，就動用了他那三寸不爛之舌，讓石勒意識到了這個問題，從而將基業定在襄國（今河北邢臺）。

第四章　半壁河山

　　張賓還用計替石勒剪除了西晉大司馬幽州（治薊，今北京城西南）刺史王浚，奠定了石勒爭霸天下的資本。

　　史書也因此稱其「機不虛發，算無遺策，成勒之基業，皆賓之勳也」。

　　縱觀張賓一生表現，最噁心的莫過於晉永嘉六年（三一二年）石勒進攻江淮失利的那一次。

　　那時，正值春二月，江淮地區連降大雨，石勒軍水土不服，軍中的士兵病倒了一大片，非戰鬥死亡人數過半，未死的也病得不輕，未病的則人心惶惶，兵無鬥志，軍心浮動。

　　這種情況下，石勒心灰意冷，認為是天要存晉，一度產生了降晉的念頭。

　　好死不死的張賓對石勒當頭棒喝，說：「你破滅了晉朝的京師，俘獲了他們的皇帝，手上又沾滿了這麼多晉室王公的鮮血，就算拔光您的頭髮還不足計算你對於晉朝所犯下的罪行，向晉室稱臣，絕不會有好下場！」石勒惕然驚醒，摒棄降念，從此與晉軍為敵終生。

　　再來說說王猛。

　　王猛的名氣比張賓高多了。

　　有一句話怎麼說來著？關中良相唯王猛，天下蒼生望謝安。

　　人們把王猛與東晉名臣謝安相提並論。

　　王猛為北海郡劇縣（今山東濰坊壽光東南）人，避戰亂於華陰山。

　　永和十年（三五四年），桓溫第一次北伐，十萬雄兵，猶如泰山壓頂，直取前秦老巢長安。

　　該年五月，晉軍凱歌頻奏，士氣高漲，一下子進逼至離長安只有四十里的灞上。

前秦皇帝苻健手忙腳亂地調兵遣將，只調來丞相苻雄帶來的三萬軍隊，連同城內的幾千老弱殘兵不足四萬人，長安城朝不保夕。

這個時候距離西晉滅亡不到四十年，那些目睹亡國慘象的關中百姓還有好些在世，他們成群結隊地帶著酒肉前來勞軍。

王猛也在勞軍之列。

王猛一副窮形盡相：衣衫破破爛爛，又髒又臭，時值夏天，身上的蝨子亂飛。

王猛就這樣坐在桓溫跟前，捫蝨而談，旁若無人。

桓溫並不以衣冠取人，虛心請教說：「我奉天子之命，率領大軍為百姓掃除賊虜，現在已兵臨城下，為何長安城內的豪傑不從城中起事響應？」王猛回答說：「明公您不遠數千里，深入敵境，今距長安咫尺之遙而不進攻，百姓不知您到底想些什麼，故而不敢輕舉妄動，沒人前來投附。」

桓溫有意招王猛為參謀，說：「江東就缺少先生您這樣的人物啊！」要封王猛為軍謀祭酒，酬予重金。

奇怪的是，王猛推辭不受，飄然而去。

後來苻堅即位，聽人說王猛有才，派尚書呂婆樓去請。

不知什麼原因，王猛呼之即來，並且和苻堅一見如故，很肉麻地以劉玄德見諸葛亮自比。

老實說，王猛還是真有幾把刷子的。

他主持朝政，剛明清肅，勸課農桑，訓練軍隊，井然有序，氣象一新。

他還親自統兵攻伐前燕，為蕩平前燕立下了赫赫戰功。

值得一提的是，王猛病危，在臨終前，曾語重心長地叮囑苻堅說：「晉

第四章　半壁河山

室雖遠遷於僻陋的吳、越之地,卻是正朔相承。須知親仁善鄰,是國家的無價之寶。臣辭世之後,陛下切勿進攻晉朝。鮮卑、羌虜,才是中國的世仇,留之在世,終為禍患,願徐徐剪除,以利江山社稷。」

因為這番臨終遺言,後世很多人都瘋狂為王猛點讚,認為他是身在曹營心在漢,同情晉室,不忍心晉室被前秦滅亡,所以才出言相勸。

要真這樣想,那只能是一廂情願。

王猛哪是為晉室著想?他是在為前秦著想哪!前秦版圖龐大,但都是最近東拼西湊成的,內部衝突不小,與東晉開戰,只能加快其崩潰的速度 —— 苻堅因為不聽信王猛的遺言,結果有了淝水之敗、前秦之滅。

張賓、王猛、崔浩三大漢奸中,最隱祕的就是崔浩。

崔浩為清河郡東武城(今山東省武城縣)人,他的家族是北方高門士族,祖上曾在三國曹魏時官拜司空,封安陽亭侯。

曾祖曾在後趙石虎朝任司徒右長史。

祖父則為後燕黃門侍郎。

父親在北魏累官至吏部尚書。

崔浩長著一副如同女人的面孔,貌美如花,他就因此以張良自比(**司馬遷在《史記》裡說張良「狀貌如婦人好女」**)。

北魏暴君拓跋珪喜歡他的樣貌身材,又兼看他工於書法,便任其為給事祕書,轉任著作郎,讓他經常跟隨左右。

拓跋珪在世的最後那段時間,喜歡服毒,服用當時流行的高級毒品五石散,性情大變,經常歇斯底里地發狂,要殺人洩慾,宮省左右官員因此被胡亂砍殺多人。

說說兩晉年間那幾個輔佐異族的漢人

這種情況下，眾人唯恐避之不及，紛紛遠離拓跋珪。

崔浩卻不知死活，仍然服侍在拓跋珪左右，一如往常。

也就憑這一點，拓跋珪死後，崔浩獲得了北魏繼位者拓跋嗣的好感，得封為博士祭酒，賜爵武城子，極盡恩寵。

說崔浩是一個隱藏得很深的漢奸，是因為每次北魏統治者要發兵攻打南朝，他都拚命勸阻，並慫恿他們去攻打北方其他少數民族政權。

後世也因此對崔浩大生好感，不把他當漢奸看待，而把他看成是南朝潛伏在北朝的臥底。

其實，這是想多了。

崔浩那是就事論事，根據北魏發展形勢做出的正確估量和正確決策。

北魏立國，其憂患在北不在南。

試看，在拓跋嗣時代，南朝是兩晉南北朝三百年間的第一強人劉裕當國。

劉裕伐後秦，拓跋嗣曾不自量力派騎兵試探了一下，結果被劉裕用步兵布下的卻月陣打得叫苦不迭。

拓跋燾時代，這位大名鼎鼎的北魏太武帝曾大軍南下，飲馬長江，與南朝帝都建康隔水相望，可最後也鬧了個灰頭土臉，狼狽北返，途中，還被南朝臧質誆騙喝了一壺尿！看看，和南朝打戰，根本就討不到便宜嘛。

而在崔浩的建議下，拓跋燾連滅北燕、北涼，打趴柔然，打服吐沒骨、吐谷渾，可謂是向北用兵而無不勝。

北魏之後崩潰於北方六鎮之亂，也再一次印證了「北魏之患在北不在南」的觀點。

第四章　半壁河山

客觀地說，張賓、王猛、崔浩三人都是人才，但都死心塌地地為入侵者服務，令人慨嘆。

大英雄桓溫崛起於復仇之路

提起東晉的風流人物，首屈一指者，非桓溫莫屬。

中原板蕩，血雨腥風，百姓遭受空前大殺戮，人命不如芻狗。

以司馬睿為首的西晉遺民，衣冠南渡，是為漢族士民的一次巨大遷徙，好不容易在江左立足，卻也是風雨飄搖，朝不保夕。

正所謂，滄海橫流，方顯英雄本色。

桓溫以布衣之身，拔劍而出，領兵溯江而上，滅成漢而大振晉祚聲威，又三次北伐，分擊前秦、後秦、前燕，收復故都洛陽，戰功纍纍。

當然，桓溫最令人詬病的地方，就是後期獨攬朝政，操縱廢立，並有意奪取帝位。

但是，在那個戰亂紛紛，東晉朝政不穩的背景下，桓溫真取帝位自立，也並非什麼齷齪不堪的事。

試想，後來的劉裕、趙匡胤等，不也成了無損其英雄豪傑之名的開國之君嗎？章太炎就說：「宣武（桓溫）命世之才，志在光復，何異葛侯。但以送死事生，有忝忠貞之節，晚年復謀禪授，是以為世所譏。要之，不以一眚而掩大德，諸表疏辭氣慷慨，則與《出師表》先後比烈矣。世人擬之王敦，何哉？」所謂天予不取，反受其咎。

桓溫猶豫不決，最後被謝安等人拖死，其子桓玄屢受外人羞辱，勉強建立桓楚，最終國滅身死。

話說回來，桓溫的崛起，極富傳奇色彩。

在魏晉講究門第的背景下，桓溫的出身雖非高門望族，但也並不低，其祖上為東漢名儒桓榮，父親為宣城內史桓彝。

桓彝喜結名士，南渡後躋身江左八達之列，曾與晉明帝密謀平定王敦之亂，家族地位大升。

只不過，在隨後的蘇峻之亂中，桓彝被叛軍將領韓晃殺害。

殺害桓彝的是叛軍將領韓晃，主謀卻是涇縣縣令江播。

父親被害時，桓溫年十五歲，夜夜枕戈泣血，誓報父仇。

《禮記‧曲禮上》說：「父之仇，弗與共戴天。」

孔夫子甚至親口教育弟子說，仇人殺我父母，就應睡在草墊上，枕著盾，不做官，與仇人不共戴天，不論在集市還是在官府，遇上了就要與他決鬥，即使沒有兵器，也要死鬥到底。

可是，時間並不允許桓溫久等，僅僅三年，江播便病逝。

桓溫把復仇的對象轉移到江播的兒子身上。

江播的三個兒子居喪，將刀放進手杖中，防備桓溫報復。

桓溫不避凶險，一身白衣素初縞，自稱是弔喪客人，在守墓的廬屋裡先殺了江播長子江彪，隨後又追殺了江播另外兩個兒子。

此事傳出，世人皆目桓溫為英雄。

即使在千年之後，清末文人蔡東藩著《兩晉演義》時，也情不自禁地讚嘆說：「殺江彪而報父仇，無慚孝義！」晉明帝也為桓溫的俠士豪客風

第四章　半壁河山

度所折服,將自己的女兒南康長公主許配給他,拜駙馬都尉,襲其父爵萬寧男。

可以說,桓溫能步入政壇,並成為駙馬爺,乃是他的復仇行為所致。

這還不算完。

國舅爺庾翼慧眼識英才,對晉明帝說:「桓溫少有雄才大略,希望陛下不要把他當作平常人看待,也不要當作平常的女婿,要像周宣王對方叔、召伯那樣,委以復興重任,讓他弘揚大道、匡濟時局,完成艱難事業。」

桓溫於是得授琅琊太守,累遷徐州刺史,從此扶搖直上,步入人生巔峰。

開國君主之子,歷事七朝,帝位突然傳回給他

東晉權臣桓溫晚年權勢熏天,史稱「政由桓氏,祭則寡人」。

可以說,他要學習曹丕、司馬炎等人篡位自立,那是易如反掌。

因此,他臥床無聊,心事接連不斷,悻悻地說了一句:「如果一味沉寂不出手,身後必被司馬師、司馬昭這些人所笑。」

最後,他坐起來,又說了一句驚世駭俗的話:「既不能流芳後世,亦不足復遺臭萬載邪!」他決定仿伊尹、霍光廢立皇帝以重立威權,先廢掉晉帝司馬奕,然後動手篡位。

不過,桓溫在廢司馬奕之前,因司馬奕本身沒什麼缺點,也沒什麼過

> 開國君主之子，歷事七朝，帝位突然傳回給他

失，一直都找不到藉口。

有部下獻出「宮闈重悶，床笫易誣」妙計，桓溫就「誣帝在藩夙有痿疾」，說司馬奕陽痿，沒有生育能力，後宮所生三子並非皇帝親子，是相龍、計好、朱靈寶等男寵在宮廷亂倫的產品，堂而皇之地收繳了司馬奕的國璽，逼迫其離宮。

司馬奕在深秋的涼意中穿著單衣步出拱門，乘牛車與群臣哭別的情形載之史冊，讓人潸然淚下。

桓溫所立的司馬昱輩分極高，是東晉開國皇帝晉元帝司馬睿的幼子，歷經元、明、成、康、穆、哀、廢帝七朝。

司馬昱做相王時，就與桓溫非常稔熟。

某次，司馬昱與謝安一起去拜訪桓溫。

名士王濛恰好在桓溫家裡做客。

桓溫就對他說：「你一直想見相王，這次，機會來了，你可以躲在帳幕後面觀看。」

司馬昱、謝安走後，桓溫問王濛：「你覺得相王為人怎麼樣？」王濛說：「相王輔政，自然湛若神君；不過，您也是萬夫之望的大人物，不然，謝安怎麼會甘心屈居您之下？」

所以，桓溫立司馬昱，一方面是標榜「廢昏立明」，另一方面自信可以從容控制司馬昱。

但是，桓溫在擁立司馬昱時，真正面對著司馬昱，卻不知該如何說話。

原本，他是設計有流程的，按照流程走，在廢除司馬奕之後，他見了新皇帝，應該淚流不止，再把事先寫好了的數百句話用聲情並茂的方式背

第四章　半壁河山

誦出來，敘述廢舊立新的意圖。

但桓溫見了老朋友司馬昱，內心感到很慚愧，一句話也說不出來。

如此說來，司馬昱也是見證了許多風雲起落的大人物了，見識應該不同凡響。

但司馬昱的見識是很淺薄的。

曾經，他領著一幫隨從出行，看到稻田裡的水稻，不認識，就問隨從，說：「這是什麼草呢？」隨從答：「王爺，這是水稻啊。」

司馬昱臊得一張老臉都紅了。

回宮後，他三天不出門，一個人關在屋子裡，長吁短嘆說：「難道有依靠它的果實來維持生命，而不認識它的根本的道理嗎？」由此可知司馬昱見識有限。

司馬昱登位後，一切聽命於桓溫，惶惶不可終日，曾私下裡向桓溫親信郗超探究桓溫會否再行廢立之事。

郗超因此感到十分可笑。

司馬昱還讓郗超替自己傳話給郗超的父親郗愔，說：「皇室宗族之事到這地步，是因為朕不能用道德去匡正守衛啊，慚愧慨嘆之深，無以言表！」司馬昱還不斷吟詠庾闡的詩：「志士痛朝危，忠臣哀主辱。」

民間曾經流傳有「晉祚盡昌明」的讖語，司馬昱對這讖語牢記在心。

由於司馬昱在做會稽王時已廢黜了世子司馬道生，司馬鬱等其他兒子也都早夭，他就急切盼望再生一個兒子。

哪個妃妾有生兒子的命呢？司馬昱請相士來為諸妾相面，相士看中了皮膚黝黑的婢女李陵容。

司馬昱於是就召李陵容侍寢。

一來二去，李陵容自稱多次夢見雙龍枕膝，日月入懷，然後就懷上了司馬曜。

懷孕期間，李陵容又說夢見神仙囑咐：「汝生男，以昌明為字。」

司馬昱聽了，淚如雨下，說：「沒想到我們司馬家的昌明就這麼出現了！」然後，等司馬曜出生了，他就真的以「昌明」為字。

司馬昱認定了晉室滅在司馬曜手裡是天意，天意就不可違抗。

因此，咸安二年七月，他病重不起，一連串詔令召鎮姑孰（今安徽省當塗縣）的桓溫入京輔政。

桓溫不知他葫蘆裡賣的是什麼藥，推辭不應。

司馬昱無奈立司馬曜為太子，臨終前寫下遺詔，要桓溫依周公例居攝，同時還學劉備，寫：「少子可輔者輔之，如不可，君自取之。」

旁邊的王坦之實在看不過眼，搶過這道遺詔，當著他的面撕毀了。

司馬昱哭喪著臉說：「晉室天下因好運而意外獲得，你又何必不滿呢？」王坦之說道：「晉室天下是宣帝（司馬懿）和元帝（司馬睿）建立的，豈是陛下您想給誰就給誰的？」司馬昱無奈，於是把寫遺詔的重任甩手交給王坦之。

王坦之提筆改寫道：「家國事都可稟報給大司馬，如諸葛武侯（諸葛亮）、王丞相（王導）的舊例。」

司馬昱崩，但沒有得到桓溫的明確指示之前，朝內群臣還不敢馬上擁立太子司馬曜為新帝，大家都想等桓溫還朝後再做決定。

關鍵時刻，是王導的堂姪、尚書左僕射王彪之站了出來，正色地說

第四章　半壁河山

道:「君崩,太子代立,干大司馬何事?他又得有何異語?你等若要等他指示,必反被其責。」

臨危決斷,迅速擁立了年幼的司馬曜為帝,是為孝武帝。

褚太后驚懼之下,還下了命桓溫行周公居攝故事的詔書。

幸虧被王彪之及時諫阻,他說:「這是非比尋常的大事,大司馬一定會再三推讓,如此一來,不免使萬機停滯,稽廢山陵,未敢奉令。謹具封還內,請停。」

第五章
謝氏風流

第五章　謝氏風流

東晉望族謝家能崛起全賴這一人

魏晉是一個看臉、看家世、看聲望的時代。

魏晉政府所奉行的選官制度為脫胎於兩漢察舉制的九品中正制。

該種制度主要內容有三點：第一，設定對各地區人物進行品評的中正官；第二，中正官對本州和散居其他各郡的士人進行品第；第三，將品第結果分為上上、上中、上下、中上、中中、中下、下上、下中、下下九品，向上提交，作為選官高下的依據。

品評的依據集中在家世、道德、行狀、才能等幾方面上，當然，在品評這些的時候，臉也有意無意地成了其中一項至關重要的因素。

要不，為什麼這一時期湧現出的美男子這麼多呢？潘安、夏侯玄、嵇康、衛玠、王濛⋯⋯哪一個不是帥名遠播的翩翩絕世佳公子？並不是說這一時期盛產美男子，而是這一時期的美男子受的關注度高，得以留名青史。

謝安的曾祖父謝纘擔任曹魏朝的典農中郎將，是個負責管後勤的小軍官；而謝纘之前的先人，根本不載於史冊，算不上什麼人物，不值一提。

謝安的祖父謝衡，仕於晉武、晉惠兩朝，於武帝太康元年（二八〇年）為守博士，惠帝元康元年（二九一年）為國子博士，旋遷國子祭酒，元康中擢太子少傅，太安元年（三〇二年）為散騎常侍，這官才算是慢慢升上去了。

單看謝衡的官職，也該知道，他以儒學為官，以儒學顯名。

這就注定了他不會得到士流的傾心接納，也不會得到時世所重。

為什麼呢？因為，東晉政府在名義上雖然提倡儒學，但社會主導思想卻是玄學。

玄學的興起，主要源於漢末的黨錮之禍。

梁啟超曾稱：「東漢尚氣節，崇廉恥，風俗稱最美，為儒學最盛時代。」

可是，因為黨錮之禍，許多如竇武、劉淑、陳蕃、李膺之類的碩儒和飽學之士死於非命，儒學遭受到了空前打擊。

進入魏、西晉，時局也未能好轉，參與政治的名士仍舊禍事連連，蔡邕、孔融、禰衡等人慘遭權貴殺害，張華、裴頠、陸機等一大批名士更是喪生於「八王之亂」中。

在這樣的背景下，士人們開始疏遠朝廷、淡漠政治，由儒入玄，為全身遠禍，或縱酒為樂，迷醉自己；或清談玄理，忽悠別人；或高潔自持，蟄伏隱退。

玄學也因此得到了巨大的發展，並在這一時期大放異彩。

「玄」指《老子》、《莊子》、《周易》等著作上屢屢提到的「道」、「玄學」，即是指以老莊思想為支撐，糅合儒家經義以代替煩瑣的兩漢經學的一種哲學思潮。

其討論的核心問題為本末的有無，即宇宙是否最終存在，亦即本體論的問題。

兩漢士人因為依附於帝王所欽定的儒家文化，所以無法形成獨立的、富有創造力的文化行為，並沒有重大文化成就；而魏晉士人跳出了政治，目光轉向了生命本體，開始獨立思考生命本身的意義，思想上得到了大解放，意志上有了大覺醒。

可以說，玄學的興起，是華夏民族迎來的繼春秋戰國以來中國思想史

第五章　謝氏風流

上的第二次蓬勃發展期。

在這裡，兩漢經學、儒家名教禮節、迷信讖緯遭受到了懷疑和否定。

士人們以獨具一格的眼光和思考方式去領會和體悟宇宙和生命的本質。

他們接受老莊的無為思想，主張順其自然，拒絕人為地改變世界的本質，主張以審美、遊戲的態度去體驗人生，思考個人存在的價值，這種崇無輕有的哲學思想使中國哲學史發展到了一個全新的高度。

在這個時期，士人清談成風，標榜玄虛，誰要不談玄言誰就被邊緣化，誰要不談玄言誰就被士人群體所排斥。

長期擔任國子博士、國子祭酒等職的謝衡是以儒學大師的面目出現在士人階層的，他不受士人歡迎，就在情理之中了。

好在謝衡的大兒子，也就是謝安的大伯父謝鯤權於機變，他雖是在儒家經典裡浸泡大的，但看到儒學不吃香，就改弦易轍，轉學玄學。

謝鯤實在是個天才，居然一學就上路了。

玄學那一套理論、那一套做派、那一種放蕩不羈、那一種忘情物外，甚至清談、彈琴、嘯歌，無不學得有模有樣，儼然「竹林七賢」的翻版。

「竹林七賢」的後人王衍、嵇紹等人都對他的玄學家風範感覺驚異。

謝鯤的灑脫乃是真灑脫，有一次，有人故意在長沙王司馬乂跟前惡意中傷謝鯤，說他的壞話，司馬乂聽信了讒言，命人將謝鯤抓來，二話不說，掄起鞭子就要抽。

謝鯤表現得極其淡漠，也不申辯，解衣就罰，愛抽就抽，彷彿那身體只是一副與自己毫不相關的皮囊，沒有半點忤逆的神色。

司馬乂越打越犯嘀咕：怎麼會這樣？不會是我冤枉了他吧？這樣想著，打不下去了，丟掉了鞭子，命人把他放了。

既已得釋放，謝鯤也不道謝，臉上也沒有慶幸和高興的表情，從容起身，穿好衣服，飄然而去。

謝鯤這種瀟灑飄逸、放任曠達的作風傳到東海王司馬越的耳朵裡，司馬越大為激賞，將其闢為王府裡的官員。

謝鯤在王府工作的時間並不長，因家童犯罪受到牽連，官職丟了。

認識他的名士，如王玄、阮修等人，紛紛為謝鯤抱不平，嘆恨不已。

謝鯤卻跟沒事人一樣，坐在家門口，鼓琴清歌，揚揚自得，壓根就不把丟官棄職之事放在心上。

由此，謝鯤的名聲也就更高了，遠近名士莫不膺服其高遠豁達的態度。

大帥哥撩妹，被剛烈女用梭子擊落了兩顆大門牙

謝鯤的鄰家高氏有一女兒，長得嬌美動人，謝鯤心生愛慕，就想方設法找機會去勾搭。

哪知此女性情剛烈，痛恨竊玉偷香之類的惡行，她正在機杼前織布，面對謝鯤的挑逗，奮起手中的梭子用力猛擲。

謝鯤閃避不及，被擊中面門，滿嘴鮮血，更慘的是，隨著鮮血吐出的，還有兩顆大門齒！人們因此幸災樂禍道：「任達不已，幼輿（謝鯤字幼輿）折齒。」

「折齒」一語出自《左傳》，《左傳‧哀公六年》中有語云：「女忘君之為孺子牛而折其齒乎！」引申為某人為某事操勞得牙齒都掉了。

第五章　謝氏風流

　　人們把這個詞用在謝鯤身上，竟也應時應景，不但毫無違和感，而且語帶雙關，風趣幽默，生動傳神。

　　謝鯤聽了，也毫不介意，昂然長嘯說：「猶不廢我嘯歌。」

　　這就是成語「投梭折齒」的來由。

　　後世也經常拿阮籍白眼看權貴之事與之相提並論，稱：「白眼向權貴，折齒為美人。」

　　因為這一樁風流逸事，東海王司馬越對謝鯤也就更加喜愛了，又派人來找到謝鯤，讓他轉任參軍事。

　　但謝鯤已看出了中原動盪的一些苗頭，婉言謝絕，避地於豫章。

　　對於伯父的灑脫，謝安後來是這樣評價的：「如果竹林七賢遇到他，一定會把臂相邀其入竹林。」

　　事實上，謝鯤就一直以「竹林七賢」為模仿的對象。

　　他和胡毋輔之及阮瞻等人都爭著說自己的玄學是得自阮籍的真傳，已悟出了大道之本。

　　他還學習阮籍，將自己全身的衣服脫去，一絲不掛，放拓不羈。

　　而「永嘉之難」過後，謝鯤隨著南渡衣冠到了建康，與當世名士畢卓、王尼、阮放、羊曼、桓彝、阮孚、胡毋輔之等人經常一起披頭散髮，放浪形骸，箕踞而坐，高談闊論，笑看功名，被人們稱為「江左八達」，與之前的「竹林七賢」相對應。

　　既為「八達」之一，謝鯤的名士身分也就獲得了當權者的認可，謝氏家族的地位大為抬升，進而躋身於士族之列。

　　謝鯤在權臣王敦手下擔任長史，王敦的族弟、成名已久的大名士王澄

和他交談,竟有棋逢對手、將遇良才的感覺,看都不看王敦一眼,只顧著與謝鯤熱聊,聊了大半日而不知疲倦。

經過這次會晤,王澄逢人就慨嘆說:「這個世間,可以跟我暢談的,也就只有謝長史一人而已。」

衛玠南渡過了長江,也專門來到王敦處拜訪謝鯤,兩人相見欣然,惺惺相惜,言論彌日。

衛玠去世後,謝鯤悲痛萬分,別人問他何以至此,他答:「棟梁折矣,不覺哀耳。」

晉明帝還是太子時,也十分敬重謝鯤,有事沒事喜歡找他聊天。

某天,晉明帝突然問:「人們老是拿你和庾亮相比,你自己有什麼看法?」庾亮的祖上庾乘曾得漢末名士郭泰提攜,庾氏家族由此興盛發達,成了潁川鄢陵(今河南鄢陵)的高門大族。

庾亮與王導、郗鑑同列為東晉「三良」,是東晉政府最重要的三個領導人,德才兼備、位高權重。

面對晉明帝的提問,謝鯤從容回答:「為朝廷立法,為百官做表率,鯤不如亮;一丘一壑,鯤則遠勝於亮。」丘壑意指寄情山水。這就是成語「一丘一壑」的來歷。

對於謝鯤的回答,大名士溫嶠一點兒也不覺得奇怪,他對謝鯤的兒子謝尚說:「尊大君豈唯識量淹遠,至於神鑑沉深,雖諸葛瑾之喻孫權不過也。」

王敦不滿晉元帝和刁協、劉隗等寵臣搞小動作架空自己王家,準備發動叛亂,謝鯤勸他不要做出過激反應,說劉隗等人不過城狐社鼠,不值得這樣大動干戈,王敦不聽,終於釀成大錯。

第五章　謝氏風流

而王敦的動亂被平定後，由於這個原因，謝鯤的謝氏家族沒有受牽連。

太寧元年（三二三年），謝鯤死於豫章太守任上，時年四十三歲。

謝裒——即謝安的父親跟隨兄長謝鯤南下渡江，得拜參軍；當謝鯤到王敦手下擔任長史及豫章太守時，謝裒先是轉郡尉，後升太常卿，不久，又擔任吏部尚書、萬壽子。

按理說，謝家這時也算是朝廷新貴了，可是他們陳郡謝氏並非曹魏舊臣望族，仍然很受舊士族階層的鄙視。

謝鯤死時，謝氏家族就因為家世不顯，權勢太弱，無力為謝鯤選擇上好的墓地，致使謝鯤只能下葬在石子岡。

這石子岡，是三國孫吳時期以來的亂葬之所。

《搜神記》卷二中就說，其地「塚墓相亞，不可辨識」。

當年，吳相孫峻所殺的朱主、諸葛恪等人，均葬於石子岡。

尤其是諸葛恪，更是以葦蓆裹屍，真正達到了亂葬的效果。

謝鯤葬於石子岡，說明謝氏家族的社會地位還很低。

要改變這個現狀，謝家子弟還要加倍努力。

謝鯤只有兩個兒子，長子早夭，次子謝尚卻是個了不起的人物。

桓溫發展勢力的最大障礙：謝尚

謝尚，字仁祖，才智超群，精通音律，善舞蹈，工於書法，擅長清談，為人風流，有「鎮西妖冶故」之說。

桓溫發展勢力的最大障礙：謝尚

很小的時候，謝尚就處處顯示出與常人不一樣。

他七歲那年，兄長去世了，他所表現出的哀慟之情遠遠地超出禮法，眾人引以為奇。

八歲時，謝鯤帶他出席一些宴會，有客人看他舉止得體，稱讚說：「這小朋友可真是座中的顏回啊。」

謝尚滿臉稚氣地應答道：「座中若無仲尼，又怎麼能辨別出顏回？」滿座賓客無不驚嘆。

十多歲時，謝鯤去世，溫嶠到他家弔唁，看謝尚哭得雙眼紅腫得如同兩隻桃子，哀傷至極，可是敘述起父親嚥氣的經過，卻條理清晰，溫嶠大為看重。

兩晉名將陶侃臨終時沒有留下一句有關國家興利除弊、官吏進退之類的遺言，滿朝文武都為之遺憾。

謝尚卻不以為然說：「這是因為現在並沒有豎刁這類奸邪小人，陶公因此無須留下遺訓。」

時人認為這是賢者德音。

弱冠之年的謝尚更加辨悟絕倫、不拘細節，他喜歡穿繡有花紋的衣褲，但經叔叔指出，便馬上改掉了這一習慣。

謝尚精於音樂，廣通多種樂器，善草書，能跳困難度很高的鴝鵒舞。

大司徒王導十分器重他，黨常把他比作「竹林七賢」之一的王戎，常稱他為「小安豐」，召他為自己的屬官。

他剛到司徒府報到時，王府正大擺宴會。

王導向眾人介紹他，並盛情邀請他，說：「大家都說你能跳鴝鵒舞，

第五章　謝氏風流

現在你來了，滿座賓客都想一睹此舞風采，不知你能否滿足眾人意願？」

謝尚也不推辭，落落大方地說：「好。」便從容整理衣巾，翩翩起舞。

王導領著座中賓客拍掌擊節，謝尚俯仰自得，旁若無人，率真任意，沒有半點羞澀。

謝尚善琵琶，曾經有人非議他，當即就有人替他辯護，說：「諸君莫要輕言，仁祖（謝尚字）蹺腳於北窗下彈琵琶之際，聽之自有羽化登仙之想。」

這個為謝尚辯護的人姓桓，名溫，是個對謝氏家族有著巨大影響的人。

桓溫父親桓彝和謝鯤的經歷大體相類，都憑藉自身的努力完成了家族由儒入玄的使命。

但桓彝參與了平定王敦之亂的行動，又死於蘇峻之難，事功遠勝於謝鯤，所以桓溫的起點就比謝尚高得多，並且，桓溫本身也是個曠世之才，所以，他的功業也要比謝尚大上許多。

謝尚的琴藝既得風流名士和絕世大英雄桓溫的如此稱讚，那端的是天外之音了。

擅長歌舞樂器外，謝尚的射技也非常高超。

他在任都督江夏義陽隨三郡軍事、江夏相期間，曾和鎮守在武昌的安西將軍庾翼比賽箭法，庾翼打賭說：「你若能射中靶心，我就將我的鼓吹贈送給你。」

謝尚應聲引弦，一箭中的。

庾翼心悅誠服，當即將他的鼓吹雙手奉送給謝尚。

謝尚為政清簡，他剛到任上，看到郡府用了四十匹布為自己造烏布

帳,大怒,馬上命人拆了,用布為將士們做衣褲。

晉永和八年(三五二年),謝尚為鎮西將軍,出鎮壽春,人稱謝鎮西。

某天,謝鎮西在酒樓上,高坐胡床,身穿紫羅襦,彈琵琶作〈大道曲〉,曲云:「青陽二三月,柳青桃復紅,車馬不相識,音落黃埃中。」

描畫出一派桃紅柳綠、妍態盎然的春天景象。

「桃紅柳綠」一詞也因此流傳了下來。

往來的路人誰也不知道彈唱者竟是出鎮一方的將軍。

謝鎮西還喜歡吹笛,曾於牛渚月夜於江中吹笛應和袁宏的詠史詩,並採石製造石磬。

江南一帶有鐘石的音樂,即從謝鎮西開始。

謝鎮西有一個侍妾,名叫宋褘,也是個吹笛高手。

說起來,宋褘也是個有故事的人。

她曾是西晉超級大富豪石崇的愛妾,名氣次於石崇的另一個豔妾綠珠。

石崇死後,其所豢養的奴僕、歌妓自尋生路,作鳥獸散。

宋褘先是流落入襄城公主府邸,永嘉南渡後被襄城公主的丈夫王敦收為侍妾。

王敦因不堪幕府眾人勸諫,將家中侍妾悉數遣出,宋便在其中。

宋後來機緣巧合,又入了晉明帝司馬紹的皇宮。

晉明帝病危,在群臣進諫下,又將宋外放,賜給了「竹林七賢」之首阮籍的從孫阮孚。

阮孚死後,宋終為謝尚所得。

謝尚曾問宋褘:「我和王敦相比何如?」宋褘嫵媚一笑,嬌滴滴地說:

第五章　謝氏風流

「王敦和使君相比，簡直是田舍郎與貴公子的區別。」

的確，謝尚多才多藝，風流倜儻，又長得玉樹臨風、風度翩翩，而且年紀也比宋禕小了許多，當然不吝此一讚。

謝、宋兩人的枕邊密語傳到民間，人們也沒覺得有什麼不妥，蓋因「鎮西妖冶故」，謝尚的容貌確實豔麗多姿，比王敦有風致得多。

說起來，謝尚出鎮壽春，原是為了配合殷浩北伐。

跟謝尚一樣，殷浩也是一個大名士，剛開始他的名氣比謝尚大。

殷浩擅長清談，謝尚曾登門挑戰。

殷浩旁徵博引，開闔縱橫，做了許多關於人生意義上的闡發，非但談吐舉止別有風致，更兼以辭藻豐富多彩。

謝尚聽得入迷了，不覺汗流滿面。

殷浩從容地吩咐手下人：「取手巾來與謝郎拭面。」

謝尚由是羞慚而歸。

殷浩，字淵源，陳郡長平（今河南西華）人。

太尉、司徒、司空三府徵召他為官，他都推辭不就。

征西將軍庾亮召他為記室參軍，後又要任他為司徒左長史；庾亮的弟弟安西將軍庾翼也請他做司馬，任命為侍中、安西軍司，他都稱病不就，隱居於古墓裡，將近十年，時人把他比作管仲、諸葛亮。

謝尚等人還專門到古墓向他討教天下走勢，請他預卜江左的興亡。

從古墓出來，謝尚等人都大為感慨道：「淵源不起，當如蒼生何！」（淵源，殷浩字）庾翼又寫信給殷浩，再三勸他出山，他還是執意不出。

直到庾氏兄弟相繼死去，晉簡文帝司馬昱開始入朝執掌朝政，寫信懇

求，殷浩這才接受徵召。

桓溫平滅了成漢，功高震主。

司馬昱為了打壓桓溫，就以殷浩為心腹之臣，用以抗衡桓溫。

為了達到打壓桓溫的目的，殷浩出山之後的第一件事就是上表申請北伐。

晉永和六年（三五〇年）殷浩任中軍將軍、假節、都督揚豫徐兗青五州諸軍事，大舉北伐。

原先晉康帝駕崩，晉穆帝即位，而晉穆帝只有兩歲，由母親褚太后垂簾聽政。

而這個褚太后是謝尚的外甥女，考慮到謝尚有建武將軍、歷陽太守，轉督江夏、義陽、隨三郡軍事、江夏相的經歷，就用他出任江州刺史，與庾氏爭奪江州。

爭奪江州不果，轉用他為豫州刺史，以為京師南藩，謝尚也因此為陳郡謝氏一族首次取得方鎮屏藩實力。

而謝尚和殷浩都娶了陳郡袁耽的妹妹為妻，兩人是連襟，而且是意氣相投的好朋友，現在，殷浩既總北伐軍事，就推薦謝尚出鎮壽春，陳郡謝氏的權勢於是又得到了更大的提升。

然而，殷浩的北伐卻以失敗收場。

殷浩敗師辱國，原先罩在他頭上的所有光環都不見了，以桓溫為代表的東晉文武朝臣紛紛上書，要求查辦殷浩，將其貶為平民。

晉永和十年（三五四年），殷浩被廢為庶人，流放於東陽郡信安縣。

殷浩下野，東晉的內外大權全歸桓溫一身。

第五章　謝氏風流

北伐雖然失敗，謝尚卻有兩大收穫。

一、謝尚在北伐中找回了傳國玉璽，意義重大。

之前的東晉諸帝，就因為缺少了這個玉璽，一直被中原人氏戲謔為「白板天子」，現在，終於摘掉了「白板天子」的帽子，謝尚功不可沒。

二、謝尚於壽春留心收納了大批中原樂人，不久，採石製為石磬，終於製成太樂。

這也是了不起的大事。

有了太樂，也就意味著東晉是皇權正統所在。

有了這兩件大功，謝尚數度被徵，供職京師，拜尚書僕射，都督江西淮南諸軍事，後又加都督豫州揚州之五郡軍事，自請留朝。

桓溫大讚他有入相出將之才，稱他足可「入贊百揆，出蕃方司」。

不久，桓溫北伐長安，收復了舊都洛陽，請謝尚入洛，撫寧黎庶。

時謝尚已進號為鎮西將軍，出鎮壽春。

以病辭洛陽不鎮。

事實上，自殷浩被黜，謝尚已經成了桓溫發展勢力的最大障礙。

謝萬才幹和器量皆優，但謝安要經常在後面幫他擦屁股

謝尚既拜尚書僕射，都督江西淮南諸軍事，後又加都督豫州揚州之五郡軍事，謝氏家族的權勢和聲望都得到了巨大的提升。

> 謝萬才幹和器量皆優，但謝安要經常在後面幫他擦屁股

那麼，這時的謝氏家族是不是就得到了舊士族的認可了呢？答案是否定的。

在許多舊士族的眼裡，陳郡謝氏不過就是一個走了狗屎運的暴發戶，算不上真正的貴族。

謝尚的兄長早逝，自己只生了兩個女兒，沒有兒子，最親的親人就是叔叔謝裒一家了。

謝裒一共有六個兒子，由大到小，分別是謝奕、謝據、謝安、謝萬、謝石、謝鐵。

謝萬其實也是個奇才，他的才幹和器量皆優異出眾，口才既好，又擅長寫文章，得到過許多人的稱讚。

殷浩就稱讚他：「文理轉遒，成殊不易。」

桓溫則說：「萬石（謝萬字萬石）撓弱凡才，有何嚴顏難犯！」書聖王羲之也讚美他：「在林澤中，為自遒上。」

謝萬曾經以漁父、屈原、司馬季主、賈誼、楚老、龔勝、孫登及嵇康八個隱士和顯士寫了〈八賢論〉，名揚一時。

然而，他的毛病也很明顯，喜歡賣弄、自大和莽撞。

這也經常讓謝安等人連帶著受恥，謝安甚至不得不經常跟在他的背後替他擦屁股。

有一次，謝安和謝萬一起乘船前往建鄴，途經吳郡，謝萬突然心血來潮，想去會會王導的兒子、時任吳郡太守的王恬。

謝安勸他：「人家身出名門，我們是什麼身分？去了人家也未必肯見，還是不要自討沒趣吧。」

第五章　謝氏風流

謝萬不聽，堅持要去。

謝安只好由他。

謝萬一個人去了。

到了王恬府上，王恬倒是接見了，但只簡單地敷衍了幾句，就把他晾到一邊，閃身回後室了。

神經大條的謝萬還搞不清楚狀況，自我感覺良好，認定王恬是入內拿什麼好東西出來招待自己。

然而，等了很久，王恬終於出來了，卻披頭散髮，髮梢溼漉漉的。

顯然，他是去裡面洗頭了。

謝萬大為尷尬。

這還沒完，王恬出來了，招呼也沒跟謝萬打，把謝萬當成透明人，徑自邁步到院子晒頭髮，神情倨慢，旁若無人。

謝萬恨不得地上有個洞鑽進去。

回到船上跟三哥哭訴，大罵王恬不是東西。

謝安安慰他說：「阿螭（王恬小名）平素不會做作，早叫你不要去了，他要是以禮待你，那也不過是裝出來的客氣，一樣沒意思。」

謝萬除了被舊貴族取笑和挖苦外，因為狂妄自大，也常常被身邊的人瞧不起。

有一次，他和蔡系等人同到征虜亭送別高僧支道林。

謝萬為了更接近支道林，乘蔡系離座空檔，一屁股占了蔡系的座位。

蔡系回來一看，好呀，好你個謝萬，占我座位，我叫你占，我叫你占！用力一推，把謝萬連同他屁股下的坐墊一併推開，然後施施然坐回那個原

> 謝萬才幹和器量皆優，但謝安要經常在後面幫他擦屁股

本屬於他的位置。

跌倒在地的謝萬狼狽不堪，頭上的帽冠和頭巾都歪了，衝著蔡系抱怨說：「算你厲害，我的臉差點就被你弄傷了。」

蔡系白了他一眼，說：「我可從沒考慮過你的臉！」屢遭別人挖苦和貶損的謝萬還是改不了自己愛炫耀、愛吹牛的缺點。

某天，他當著自己的岳父、揚州刺史王述的面，直言不諱地說：「人家都說君侯痴愚，而君侯也的確是痴愚。」

王述幼時性格急躁，據說，有一回，他吃已經蒸熟了的雞蛋，雞蛋尚未破殼，王述想用筷子直接刺穿雞蛋殼，串在筷子上，串成糖葫蘆一樣再去殼食用。

但雞蛋光滑，在盤中亂轉，怎麼刺也刺不到。

王述勃然大怒，將整盤雞蛋全部擲向地下，有些雞蛋跌落地上還沒有碎，在地上靈活滾動，王述更加怒火中燒，跳起來用腳猛踏，因為太急，居然沒踏中。

王述差點沒氣死，一怒之下，趴倒在地，用手將那些雞蛋放進嘴裡，一個個咬破，又憤怒地吐在地下。

旁邊觀看的人忍俊不禁，全笑到停不下來。

這種性格明顯影響到了他的成長，王述也因此到了三十歲還默默無聞，很多人都說他痴愚。

意識到這點，王述就開始努力克服自己的缺點，性格漸漸變得沉穩、平和，再加上得到了王導等人的提攜，便開始顯名。

現在，王述聽了女婿的話，臉色如常，徐徐答道：「並非沒有這樣的

123

第五章　謝氏風流

議論，只是我晚年的名聲已經好轉了，而你呢？」對謝萬的事業提出了質疑。

其實，不但是謝萬的事業，整個謝家的事業都應該遭受質疑了。

雖說謝尚後來又得領都督豫、冀、幽、並四州軍事，進封衛將軍，加散騎常侍，但詔未至而於昇平元年（三五七年）病篤卒於歷陽，享年只有四十八歲。

謝安的父親謝裒更是在永和二年（三四六年）就死了，而謝安的大哥謝奕在繼承了謝尚的功績，任都督豫司冀並四州軍事、安西將軍、豫州刺史後的第二年，即昇平二年（三五八年），也跟著病死了，時年五十歲。

謝安的二哥謝據死得更早，死年才三十三歲。

謝尚沒有子嗣，四弟謝萬辦事又這樣不著調，謝氏家族興衰的重任就落在謝安的身上了。

少年謝安風宇條暢，海內仰慕

在中國歷史上，曾經出現過這樣的一個人，他既優雅又優秀，品貌非凡，才華絕世，時人稱他「神識沉敏，風宇條暢」。

他溫文爾雅、談吐不凡，他的氣質高貴，他的神情永遠飄逸。

他崇尚老莊玄學，淡泊名利，流連山水，本來只想安安靜靜地做個美男子，歷史的劇變卻把他推上了時代的風口浪尖。

如果不是因為有他，我們很難想像那種有著老莊一樣情懷、像老莊一

樣嚮往自然、比老莊還要超然物外的人會在政治上取得那麼大的成就。

對他來說，從政和歸隱沒有區別，從政即是歸隱、歸隱即是從政，山不是山，水不是水，人卻還是那些人，事也還是那些事。

他是詩人、音樂家、書法家，也是評賞家。

他的山水玄言詩走在陶淵明、謝靈運等人的前面，並直接影響了陶淵明、謝靈運詩風的走向；他流傳下來的琴讓南齊竟陵王蕭子良視若珍寶；他的書法被南宋大詞人姜夔譽為世間第二（第一為書聖王羲之），且為唐宋顏、柳、蘇、米等大家所取法；他看人的眼光獨到，有「一評即挫成美於千載」之讚，晉代顧愷之的畫聖地位，便是他一語奠定的。

主政期間，他以「泰山崩於前而色不變，麋鹿興於左而目不瞬」的氣度，從容挫敗了權臣顛覆國家政權的陰謀；以治國如烹小鮮的恬靜和自得製造出了荊揚相衡的大好局面，處處以大局為重，不結黨營私，調和了朝廷的內部衝突，使原本風雨飄搖的國家在亂世中出現了安居樂業的「小康」景象；以「運籌於帷幄之中，決勝於千里之外」的謀略拯救了國家危局，在談笑之間，把來犯的百萬強寇輕鬆擊退……他的事業和人生無疑是成功的。

然而，在這樣的成功裡，我們卻看不到他的忙碌——在山水、書畫、琴棋和清談中，他把國家治理得井然有序。

他享受著生活、從容地安排著生活，拿得起、放得下，功成名就之日，繁華深處，優雅轉身，將功名權位視如衣服上的塵土，隨手輕輕揮去——他是那麼乾淨，那麼一塵不染，出世入世，來去自如。

他——就是東晉名相謝安！因為他的才情，因為他的功業，更因為他那無可複製、難以企及的完美，他一直被人們所推崇著、傾慕著。

第五章　謝氏風流

　　他的粉絲並不局限於他生活的時代，千百年來，膜拜他的人不可勝數。

　　而且，讓人吃驚的是，越是文化重量級人物，對他的崇拜越是痴迷和狂熱。

　　李白、蘇東坡、辛棄疾……對他更是有一種超乎宗教式的崇拜，留下的詩句、詞句讓人眼花撩亂。

　　斯人已逝，世間不再。

　　謝安時代的貴族已經成為過去，謝安式的名士已經滅絕。

　　謝安出生於大興三年（三二〇年）。

　　桓溫的父親桓彝第一次見到謝安，謝安才四歲，桓彝已經忍不住大讚特讚，說：「此兒風神秀徹，後當不減王東海。」（王東海，指東晉初年名士王承）謝安七八歲時，長兄謝奕任剡縣縣令，常常帶他在身邊。

　　有一回，一個老翁犯了法，論罪當用刑。

　　謝奕看他年紀大，不忍心用刑，但也不願就此拉倒，想來想去，決定罰他喝酒。

　　他讓手下取來兩壺酒，勒令老翁全喝了。

　　老翁的酒量不行，還沒喝幾口，就受不了了，連連求饒。

　　謝奕自己酒量奇大，打死也不相信老翁才喝幾口就醉，臉色一沉，就要對老翁動粗。

　　坐在膝邊玩耍的謝安看著老翁，動了惻隱之心，對兄長說：「阿兄，這老翁怪可憐的，你怎麼能這麼對他呢？快放了吧！」謝奕沒想到這個稚氣未脫的弟弟居然來指責自己，一下子愣住了。

他盯著謝安看,謝安也盯著他看,一本正經,表情十分嚴肅。

謝奕於是自我檢討,覺得自己這樣做是有些不厚道,揮揮手,把那老翁放走了。

小謝安也因此獲得了仁愛的美名。

說起謝奕的酒量,那可不是蓋的。

他和桓溫是好朋友。

他原先入朝為吏部郎,又出為晉陵太守,桓溫升為安西將軍、荊州刺史,專門點名要他到荊州做司馬。

到了荊州,謝奕因為好酒,經常違反晉見上級的禮節與桓溫對喝,喝高了,就把頭巾摘下丟掉,長嘯吟唱。

桓溫因此稱他是「世外司馬」。

每次喝酒,桓溫喝不過了,就會落荒而逃,逃去夫人南康公主那兒躲起來。

南康公主總會因此感激地說:「哎喲,如果沒有這樣一個世外司馬,我都見不到我夫君了呢!」謝奕看桓溫走了,就拉桓溫的部卒繼續喝,嘴裡還醉醺醺地說:「走了一個老卒,又拉來一個老卒。」

謝安十三歲,長成翩翩少年,神態穩健,反應靈敏,風宇條暢,就連寫字,都寫得那麼漂亮,後世北宋大書法家米芾就讚他的書法是「山林妙寄,巖廊英舉,不繇不羲,自發淡古」。

遠在遼東的少年英雄慕容垂(後來後燕的開國君主)心生仰慕,竟然不遠千里派人送來了一對白狼毛做成的裝飾品給謝安,十分珍貴。

少年謝安曾向阮裕請教〈白馬論〉文中深意。

第五章　謝氏風流

阮裕就將自己寫的關於〈白馬論〉的文章給他看。

謝安理解不了文章裡的意思，就一再追問。

阮裕因此感嘆道：「不僅能談〈白馬論〉的人不可得，就是要求了解〈白馬論〉的人也不可得啊！」少年謝安去拜訪另一個大名士王濛，兩人清談多時，略無疲色，王濛之子王修等他告辭出門，悄悄問父親：「剛才談話的客人是什麼來頭？」王濛說：「此客勤勉不倦，日後定將咄咄逼人。」王濛是個極其自戀的絕世美男，他最喜歡做的事就是照鏡子，照的時候嘴裡會唸唸有詞地說：「嘻嘻，王文開（王濛父親的名字）竟然生出了這麼俊俏的兒子！」王濛長得確實俊俏，許多名士都稱讚他儀表非凡。

一次他去拜訪一個叫王洽的人，還沒進門，王洽就在屋裡慨嘆：「外面來的客人簡直不是凡世中的人啊。」

還有一次，王濛到集市上去買帽子。

此事傳出，轟動一時。

當然了，身為一個名士，王濛免不了像其他名士一樣，手持塵尾，暢談人生。

王導、殷浩、劉惔等人，都是他最忠實的談友、聽眾。

王濛品評人物很獨到，常常用三言兩語就綜合敘述了一個人的特點。

比如，他對殷浩的評論是：「殷浩這個人不僅優點勝過別人，他對待自己優點的態度也勝過別人。」現在，他這樣評論謝安，使得謝安小小年紀就負有了盛名。

東晉的名士風采，說說謝安的那些朋友

王導很器重謝安，徵召他入司徒府，後又任命他為佐著作郎，但都被謝安拒絕了。

無官一身輕的謝安隱居在會稽的東山，與王羲之、許詢、支道林等名士名僧一起吟頌風月，笑傲江湖，出則漁弋山水，入則吟詠屬文，挾妓樂優遊山林，快樂無比。

謝安曾攀上臨安山，枯坐於石洞，面臨深淵，怡然自得，對好友王羲之說：「此等情致與伯夷有何不同！」揚州刺史庾冰仰慕他的名聲，曾多次命郡縣官吏催逼，謝安不得已，應付式地掛了一個多月的職，又掛冠遁去。

他的名聲就更加大了。

朝廷就更加迫切要徵召他了。

但無數次的徵召無果，終於激怒了群臣，一致上疏指責謝安。

朝廷由是做出了一個艱難的決定：禁錮謝安終身。

但時過不久，又下詔赦免。

無論是禁錮還是赦免，謝安根本不屑一顧，我行我素，放浪於東部名勝之地。

熱衷於和謝安交往的人士幾乎囊括江左的所有高官、名士、高僧。

過從甚密的有司馬昱、桓溫、王恂、劉惔、殷浩、阮裕、王胡之、韓康伯、許詢、王羲之、孫盛、孫綽及竺法深、於法開、於法威、支道林等高僧。

第五章　謝氏風流

和謝安關係最好的是孫綽、王羲之、支道林等人。

孫綽為世家子弟，性好山水，博學多才，時人稱其文采橫絕一世，但玄學水準並不是很高。

有一次，孫綽到謝安家留宿，和謝安促膝長談了一夜。

第二天，謝安送他走了，問自己的夫人，說：「昨晚的客人怎麼樣？」謝安的夫人是名士劉惔的妹妹，在玄學上也很有造詣，不屑地說：「我哥哥家裡從來沒有過這樣的賓客。」

謝安聽了，哈哈大笑。

對於王羲之的水準，謝安雖然總是謙遜地對別人說王謝不相上下，但人們都知道，王羲之跟謝安還是有些差距的。

王羲之是王導的姪子，擅長書法，其運筆一脫漢魏之風，自成體系，影響深遠。

世人常用曹植的〈洛神賦〉中：「翩若驚鴻，婉若游龍，榮曜秋菊，華茂春松。彷彿兮若輕雲之蔽月，飄兮若流風之迴雪。」來讚其書法之美。王羲之也是一個性情中人，成語「東床快婿」說的就是他。

太傅郗鑑想到丞相王導家物色一個王家子弟為婿，王家子弟知道了，紛紛華妝盛服，精心打扮，精神抖擻地等待著郗鑑挑選。

郗鑑派來的使者挑選來挑選去，覺得王府的才俊個個俱佳，無從抉擇。

為難間，突然發現了東廂書房裡有一個青年，袒腹仰臥在靠牆的床上，神情瀟灑。

使者的眼球瞬間被他的氣度秒殺，回報郗鑑。

郗鑑拊掌大笑,說:「哈,這個坦腹東床的年輕人就是我的女婿了!」謝安比較喜歡王羲之的小兒子王獻之,曾有「我見子敬(王獻之的字),便覺情不自已」之語。

支道林,本姓關。陳留(今河南省開封市)人,二十五歲出家,曾居支硎山,後於剡縣(今浙江省嵊州市)沃洲小嶺立寺行道,其學問貫通佛、玄兩門,著有〈釋即色本無義〉〈即色遊玄論〉、〈聖不辨知論〉、〈道行旨歸〉、〈學道誡〉、〈大小品對比要妙〉、〈辯三乘論〉、〈釋蒙論〉、〈學道戒〉、〈逍遙論〉等,在〈即色遊玄論〉中,提出「即色本空」的思想,創立了般若學的性空思想,成為般若學六大家之一。

支道林對佛學的研究,使他成為當世高僧。

而讓當時名士為之傾倒的,是他用般若學解釋老莊的高論。

玄學大師郭象、向秀都曾為《莊子》作注,兩家注本一出,便成經典,成了時人研究《莊子》不可超越的巔峰。

但支道林在二家注的基礎上,更將佛學引入莊學,用即色義解釋《莊子》的逍遙義,從而闡明了更深的含義,挖出許多深層而不可得的道理,並向世人解釋得清清楚楚。

「支注本」問世,諸賢便將之奉為「支理」,從此談《莊子》都採用「支理」。

支道林「理趣符老莊,風神類談客」,喜歡書法,愛好遊山樂水,擅長詩文,經常和玄門名士一起吟風弄月。

有人布施給他五十兩金和一匹駿馬。

他把五十兩金散盡送人,卻把馬留下來精心飼養,賞玩不已。

有人覺得奇怪,金可以生利息,馬卻要費草料,你怎麼把金散盡而

第五章　謝氏風流

留下馬受累呢？支道林哈哈一笑，說：「世俗之人，懂得什麼？貧僧就偏愛馬匹的神駿本性！」又有人布施給他兩隻鶴，他同樣寵愛有加，但沒幾天，就對鶴說：「你本是自在之物，怎能做人類的耳目玩物呢？」毅然將鶴放飛了。

人們觀其行、聽其言，遂稱他為身披袈裟的名士。

支道林認為，自己跟謝安、謝萬兄弟交往是仰攀了謝安，抬舉了謝萬。

起先，孫綽初聽支道林大名，便對王羲之說：「郡內出了個高僧支道林，對問題的看法很有一套，我們去會會他吧！」王羲之起初並沒把支道林當回事。

孫綽結識了支道林，就和支道林一起乘車拜訪王羲之。

王羲之表現得很冷淡，對支道林愛答不理的。

支道林心頭有氣，就想找機會教訓教訓這個目中無人的小子。

有一次，王羲之準備出遠門，車子已經備好了，王羲之正要上車，支道林不知從哪兒冒出來，拉住了王羲之，說：「請你稍稍停留一會兒，我有幾個問題跟你討教。」

然後，不由分說，就滔滔不絕地談論起佛道相滲透、佛玄互交融的禪學義理，辭藻新奇，舌燦蓮花，聽得王羲之冷汗直流，脫下了外衣，斷了出門的念頭，將支道林留在家裡虛心請教。

> 王羲之的〈蘭亭集序〉被稱為「書文雙絕」,那麼蘭亭聚會的盛況如何呢?

王羲之的〈蘭亭集序〉被稱為「書文雙絕」,那麼蘭亭聚會的盛況如何呢?

永和九年(三五三年)三月初三,是上巳節,天朗氣清,惠風和暢,上至王公貴族,下至小民百姓,都到水邊洗濯,清除汙垢,祓除不祥。

經謝安、孫綽、郗曇和王凝之的提議,由時任會稽內史的王羲之主持,召集群賢在會稽山陰蘭渚靠近鑑湖的蘭亭舉行了一次千古流芳的曲水流觴活動。

所謂曲水流觴,就是大家圍坐在迴環彎曲的溪水邊,將盛了酒的觴(一種質地很輕的漆器)置於上游,任其順著曲折的水流緩緩漂浮,觴漂到誰的跟前,誰就取杯飲酒。

如此循環往復,興盡而止。

蘭亭修禊祭祀儀式結束,王羲之等人就端坐在蘭亭清溪兩旁,飲酒賦詩,好不熱鬧。

參加這次活動的四十二位名士中,王羲之、謝安、謝萬、孫綽、孫統、王彬之、王凝之、王肅之、王徽之、徐豐之、袁嶠之共十一人四言詩、五言詩各一首;王豐之、王元之、王蘊之、王渙之、郗曇、華茂、庾友、虞說、魏滂、謝繹、庾蘊、孫嗣、曹茂之、曹華、桓偉共十五人,或四言詩或五言詩各一首。

另有王獻之、謝瑰、卞迪、卓旄、羊模、孔熾、劉密、虞谷、勞夷、後綿、華耆、謝藤、任凝、呂系、呂本、曹禮共十六人,因未賦詩而各被罰酒三觥。

王獻之這年只有七歲,因為寫不出詩,小小年紀,居然也和大人一

第五章　謝氏風流

樣，被罰酒三觥。

王羲之把大家寫成的三十七首詩彙編成集，乘著酒興，用蠶繭紙、鼠鬚筆揮毫作序，寫了舉世聞名的〈蘭亭集序〉，該序筆墨也被後人譽為「天下第一行書」。

即王羲之的〈蘭亭集序〉被稱為「書文雙絕」！謝安所寫的兩首〈蘭亭詩〉，其一為：

伊昔先子，有懷春遊。契茲言執，寄傲林丘。

森森連嶺，茫茫原疇。回霄垂霧，凝泉散流。

該詩如果用白話文直譯，大致是：他們以前的先人（即「我們」之意），懷著共同的心願一起春遊，現在特地寫下了這些語句，作為到此一遊的憑證，藉以寄託狂放高傲的情懷於山林之中。茂密深邃的森林連線著高低起伏的崇山峻嶺，蒼蒼茫茫的原野渺無邊際。空曠遙遠的天空垂著薄霧，凝聚成的清泉流向八方。

此詩雖重在寫景，卻也有大宇宙而小人生之嘆，並蘊藏了歸隱林泉、寄情山水的情懷。

另一為：

相與欣佳節，率爾同褰裳。薄雲羅陽景，微風翼輕航。

醇醑陶丹府，兀若遊羲唐。萬殊混一理，安復覺彭殤？

大致的意思是：大家共度佳節之際，都忘情地牽扯著衣裳。

薄薄的雲霧，蓋住了明媚的陽光，微微的風兒，吹拂著湖心的帆船。

香醇的佳釀陶醉著人的心田，恍惚中如同回到了純樸的羲唐時代。

萬物雖殊卻混同一個興衰道理，不然又怎麼覺得彭祖活了八百歲還是

> 王羲之的〈蘭亭集序〉被稱為「書文雙絕」，那麼蘭亭聚會的盛況如何呢？

夭壽者呢？這兩首詩，相較而言，第二首比較值得玩味。

「萬殊混一理」，是說世上所有的事物雖然各不相同，但其發展、變化均遵行同一規律。

而「安復覺彭殤」一句，更是引發了關於八百歲人生或壽或夭的大討論。

據《山海經》載，彭祖是顓頊的玄孫，而顓頊是黃帝的曾孫。

彭祖的母親是鬼方氏的女兒，懷孕三年未產，彭祖的父親陸終便用刀剖開她的左腑窩，從中取出三個兒子，其中之一便是彭祖。

彭祖從堯舜時代一直活到周朝，活了八百歲，很讓人羨慕。

殷商末年，商紂王為求長壽，還專門派人去向彭祖求教延年益壽的方法。

彭祖說，長壽的方法應該是有的，但你們應該去找長壽的人問啊，我呢，不過是個短命鬼，能有什麼方法呢？什麼？您老都七八百歲了，還短命鬼啊？那我們這些才活幾十年的，算什麼呢？大家都吃驚地張大著嘴巴。

彭祖不管這些人的反應，顧自嘮嘮叨叨地說，我啊，一歲死了父，三歲喪了母，父母雙亡哪，慘啊。

好不容易長大了，又趕上了犬戎作亂，為了活命，不得不混跡於西域沙漠一帶，時間長達一百多年，現在想想，都不知道是怎麼熬過來的。

仔細算算，到現在，我一共安葬過四十九個妻子，為五十四個兒子送過終。

早年喪父、中年喪妻、老年喪子的人生三大不幸全讓我碰上了，老天不長眼啊！眾人面面相覷，心裡說不出是什麼滋味，只知道面前這個老頭子是得了便宜又賣乖。

第五章　謝氏風流

　　彭祖還抖動著他那個不算太乾癟的嘴，絮絮叨叨地訴苦說，唉，經歷過這麼多傷心事，我的心已經千瘡百孔了，而且小時候身子骨就單薄，後來營養不良，現在瘦弱不堪，都快不行了，能有什麼延年益壽的方法呢？

　　我還想找個人問問，怎麼才能再多活上三五百年呢，老天老天，請讓我再活個五百年吧！就這樣，彭祖一邊呼喚著老天，一邊騎著駱駝踽踽遠去了。

　　由此可見，壽命的長短，是相對而言的，要長到什麼程度才能讓人滿足呢？

　　還是莊子說得好，「方生方死，方死方生」，生和死，長壽和短命，並沒有絕對的界限，生即是死，死即是生，只有勘破紅塵、淡化生死，遵行宇宙大輪迴的規律，才能獲得世間的永恆。

　　正所謂「天下莫大於秋毫之末，而泰山為小；莫壽乎殤子，而彭祖為夭。天地與我並生，而萬物與我為一」是也。

　　從這一點上來說，謝安的生死觀還是很灑脫的。

謝安有鼻炎，名流卻爭相仰慕和效仿

　　蘭亭詩之外，還有一件事，也可以充分突顯謝安對於生死的態度。

　　謝安曾與孫綽、王羲之等人泛舟汪洋，遨遊大海，每當風起浪湧，眾人十分驚懼不安，謝安卻吟嘯自若。

　　船夫以為謝安殊無懼意，更駕舟往天際而行，而風浪更大，咆哮沸騰。

謝安仍是一臉的安閒，微笑著問船夫：「你覺得風浪已經這麼大了，我們要不要返還呢？我們還要不要命呢？」船夫一聽，明白了，原來謝安也是害怕的。

看來，謝安並非無知無畏，也知道趨吉避凶，珍愛生命，只不過，他的勇氣能克服恐懼，他的氣度永遠從容鎮定而已。

謝安雖然縱情於山水，但每次遊賞，身邊總攜帶有一大群妓女。

時為宰相的司馬昱不無豔羨地說：「謝安既能與人同樂，也必能與人同憂。」

謝安的確是一個可以與朋友同樂同憂的人。

隱居期間，有位同鄉在中宿縣做官被免，景況淒涼，回鄉後，來看望謝安。

謝安關切地問：「回鄉帶回了多少積蓄？」同鄉臉色羞澀，答道：「只有蒲葵扇五萬把。」

謝安便索要了一把，片刻不離，握在手裡。

喜歡追星的京城士大夫與平民百姓遂爭著購買這種蒲葵扇，使得扇價一升再升。

同鄉順利賣掉了扇子，度過了難關。

謝安與王羲之共登冶城，極目四野，神遊八極，悠想千古，有高世之志。

王羲之突然慨嘆說：「夏禹勤於政事，手足磨出老繭；周文王旰食宵衣，連吃飯都無暇顧及。如今朝廷邊境戰事頻繁，執政者應該多思考效忠國家，所謂『空談誤國』，現在，崇尚清談的人太多了，恐怕不是好事。」

謝安不以為然地說：「秦任用變法務實的商鞅，二世而亡，難道，這也是

第五章　謝氏風流

清談造成的禍患嗎？」王羲之頓時無語。

謝安突然有些感傷地說：「中年傷於哀樂，每天與親友別，都會難過上數日。」

王曰：「快到晚年，自然至此，只好靠絲竹來陶冶性情了，但又擔心這音樂會傷害到兒女們的欣樂之趣。」

車武子與謝安、謝石等人在私庭講習《孝經》，車武子有很多不懂的地方，常常要請教謝安兄弟，請教得多了，自己也煩自己，就悄悄向袁羊訴苦，說：「不向他們兄弟請教，又擔心德音有遺；請教得多了，又擔心招惹謝家兄弟厭煩。」

袁羊一揮手，說：「大可不必有這樣的擔心。」

車武子問：「此話怎講？」袁羊說：「你什麼時候見過明鏡因為不斷照人而覺得累、清澈的流水害怕被和風吹拂呢？」名士庾闡寫了一篇〈揚都賦〉，喜滋滋地拿給庾亮看。

庾亮因為他是自己同族的關係，極力加以讚揚說：「此賦可以和〈二京賦〉並列為三，可以和〈三都賦〉並列為四。」

有了庾亮的盛讚，很多人都認定庾闡的〈揚都賦〉是不世傑作，競相抄寫，致使左思當年作〈二京賦〉時「洛陽紙貴」的情景重現，建康的紙張也猛地漲價。

謝安搖頭嘆息說：「不應這樣，此不過是屋下架屋而已，事事都模仿，未免太貧乏狹隘了！」支道林、許詢、謝安等名士賢達在王蒙家聚會。

謝安環顧諸座說：「今日可說是盛會，名士齊集。光陰不可挽留，這樣的盛會也難常有，我們大家當共言詠，以寫其懷。」許詢便向王蒙索求《莊子》，找出《漁父》一篇，由謝安定題目。然後大家各自闡發。

支道林先講，講了七百多句長篇大論，敘致精麗，才藻奇拔，大家交口稱善。接著，四座也都盡情述懷。

謝安最後總結，問道：「卿等言盡了否？」大家都說：「今日清談，無不罄盡胸懷，少不自竭。」

謝安於是自設疑題，自己破解，詳陳見解，滔滔萬言，才峰秀逸，達到他人難以企及的境界，再加上他寓意深遠，蕭然自得，眾人無不心滿意足。

支道林拍手對謝安說：「君一語直奔佳境，實在妙不可言。」

這之後，袁彥伯寫了一部《名士傳》，敬請謝安鑑賞。

謝安讀書展顏，大笑說：「我與諸人談論的事，都是說著玩玩而已，想不到，您已把這些寫成了書！」謝安有嚴重的鼻炎，聲音低沉渾濁，並不好聽，但名流雅士仰慕名士風範，偏偏喜歡效仿他朗誦詩文，為了達到鼻炎的效果，人們不得不用手捏住鼻子以求相近。

後來，這種捏著鼻子的朗誦方式，竟然有了一個專屬雅稱，叫作「洛下書生」。

謝安就這樣被人們追捧和仰慕著。

謝家的芝蘭玉樹滿庭芳，千載而下，羨煞無數人

謝安在東山隱居期間，兄弟謝奕、謝據、謝萬等人的子女都歸他教養。

他善於教育，經常以身作則，循循善誘，將謝家的一群小字輩培養成傑出的人才。

第五章　謝氏風流

　　對這一大家子的謝氏兒女，宋朝大詞人辛棄疾曾不無羨慕地填詞讚嘆稱：「看爽氣朝來三數峰，似謝家子弟，衣冠磊落，相如庭戶，車騎雍容。

　　我覺其間，雄深雅健，如對文章太史公。

　　新堤路，問偃湖何日，煙水濛濛。」

　　謝道韞、謝玄姐弟最為出色，最得謝安所愛。

　　謝安曾問孩子們，說：「子姪們學習好壞跟我有什麼相關？為什麼我總想著把他們培養成優秀的人才呢？」這個問題挺難回答的。

　　一幫小孩子你看看我，我看看你，不知如何回答。

　　最後，是謝玄答：「譬如芝蘭玉樹，欲使其生於階庭耳。」

　　謝玄的回答，其實是引申於《荀子·宥坐》中：「夫芷蘭生於深林，非以無人而不芳」之句。

　　意即是說叔叔您想讓謝氏子弟都要學深林幽谷的芝蘭玉樹那樣隱於自家庭階之內而又以芬芳自許，表示自己既要為國家做出一番事業，又潔身自好，不追逐名利，不依附權貴。

　　謝安頷首贊同。

　　謝玄虛榮心強，喜歡佩帶紫羅香囊，謝安想幫他改正這一缺點，又不想就此傷害到謝玄那顆幼小的心靈，就透過打賭贏了謝玄的香囊，並當著他的面將之焚毀，以此來教育謝玄：這樣浮華的東西其實不過焦炭飛灰，不值得追求。

　　謝玄也因此戒掉了這一嗜好。

　　晉武帝司馬炎非常喜歡「竹林七賢」之一的山濤，但每次給山濤的賞賜都少得可憐。

這是什麼原因呢？謝安曾以此為題，用來考量謝家子弟的理解。

謝玄答得很快，他說：「一方面是被賞賜的人想要的不多，另一方面是賞賜給他的人也不把賞賜的物資當回事，所以給的就少了。」

謝安又曾問孩子們最喜歡《詩經》中的哪一句詩，謝玄說：「昔我往矣，楊柳依依；今我來思，雨雪霏霏。」

謝道韞則答：「吉甫作頌，穆如清風。仲山甫永懷，以慰其心。」謝安點點頭，說「吉甫作頌，穆如清風」與自己喜歡的「籲謨定命，遠猷辰告」都同樣包含著高雅人的情致。

隆冬，謝安和孩子們談詩論文，外面紛紛揚揚地下起了鵝毛大雪，謝安笑呵呵地問：「這紛紛揚揚的大雪像什麼呢？」謝朗答道：「撒鹽空中差可擬。」

謝道韞則說：「未若柳絮因風起。」

此語一出，謝安連聲叫好。

謝道韞便因這精妙的比喻被稱為詠絮之才，躋身於中國古代才女之列。

謝朗是謝據的兒子。

謝據年輕時喜歡上房屋頂燻老鼠，但死得早，謝朗聽人家說過燻老鼠的典故，但不知道是自己父親的傑作，別人蒙他，說只有豬才會做這樣的事。

謝朗也覺得只有豬才會做這種事，於是經常拿這事來取樂。

謝安聽了，哭笑不得，但又不忍心說破，就對謝朗說，做這種事其實也沒什麼，當年我就曾做過，還是和你爹一起做的。

謝朗一聽，悔恨了好久，以後再也不狂妄取笑別人了。

第五章　謝氏風流

謝安平日接見名士賢達,從不讓孩子們迴避,並鼓勵他們參與討論。

某次聚會,謝安問名士李充:「你伯父平陽和樂令相比,怎麼樣?」李充眼睛一下子就紅了,說:「當年趙王叛逆篡位時,樂令親自奉獻璽綬;我伯父平陽公為人正直,恥於在叛逆的朝廷中做官,仰藥自盡。兩人恐怕難以相比!」謝安於是趁機教育孩子們:「有識之士的行為總是能與人們的期望相同。」

謝玄十多歲那年,支道林大和尚來了,適逢謝安不在,就和謝玄對聊,兩人唇槍舌劍地聊了一整天,不分高下。

夕陽西下,支道林從謝家出來,路上行人問他怎麼回這麼晚?支道林餘興未盡地說,和謝玄劇談了一番,不覺日暮。

對於謝安不願出山入仕之事,時人無不引為憾事。

謝安的夫人眼看謝氏家族中的謝尚、謝奕、謝萬等人一個個都高官顯位,只有謝安躲在深山老林過窮日子,也不無遺憾地對謝安說:「夫君難道不應當像他們一樣嗎?」謝安掩鼻答道:「只怕難免了。」

謝安說這話的時候,是昇平二年(三五八年),這一年,他那一直疼惜他、愛護他的大哥謝奕死了,是病死的,死在豫州刺史的任上,雖然得朝廷追贈為鎮西將軍,卻永遠地離開了人世。

謝安原是一個內心無比強大的人,但再強大的心臟,也有一兩處柔弱的地方。

大哥的離世,恰恰就傷及了那一處柔弱的地方。

謝安只覺得天旋地轉,整個世界都快要坍塌了。

在為大哥送葬回來的路上,天色已晚,西天的殘陽似乎淌著血。

> 謝家的芝蘭玉樹滿庭芳，千載而下，羨煞無數人

謝安眼淚已經流乾，緊繃著臉，兩眼空洞無神。

這是謝安從來沒有過的狼狽，從來沒有過的脆弱，從來沒有過的失態。

隨從都驚呆了，誰也不敢說話。

以至於趕車的車伕太過緊張，竟然駕馭不好馬匹，車子沿路顛簸，搖搖欲墜。

謝安矍然驚醒，飛快地從車廂中拿下車柱，瘋了一樣敲打著車伕，一反平日遇事不驚、溫文爾雅的名士風度，厲聲喝斥，讓人不寒而慄。

偏偏在這年（昇平二年，三五八年），桓溫又開始張羅北伐了。

桓溫建議朝廷由謝萬接替謝奕的職位，任西中郎將，持節監司、豫、冀、并四州諸軍事，兼任豫州刺史。

謝安已經強烈地感覺到，這個從來都不讓自己省心的四弟謝萬根本就不是大將之才，由他外鎮，凶多吉少。

好友王羲之也有這個擔心，寫信給桓溫，說「謝萬才流經通，處廊廟，參諷議，故是後來一器。而今屈其邁往之氣，以俯順荒餘，近是違才易務矣」。

直言以謝萬出鎮豫州的舉措是違才易務，勸桓溫收回成命。

桓溫沒有理會。

王羲之又寫信給謝萬，勸他在北伐行動中務必要與士卒們同甘共苦。

謝安料想謝萬也不會聽從王羲之的建議，決定親到謝萬的軍營，代替他慰問和勉勵將士。

到了軍營，果然看到謝萬矜豪傲物，日日嘯詠自高，從沒撫卹過將士。

謝安一面以謝萬的名義與軍中將士推心置腹地交談，一面勸謝萬多

143

第五章　謝氏風流

抽時間和將士們搞好關係，拉攏人心，不必端這副臭架子、擺這麼高的姿態。

謝安苦口婆心地說：「汝為元帥，諸將宜數接對，以悅其心，豈有傲誕若斯而能濟事也！」謝萬總算聽了三哥的勸，但等眾將聚集齊了，又自無話可說，冷場了好大一會兒，只是用手裡的鐵如意指著眾將說：「諸將皆勁卒。」

這下沒救了。

把將帥稱作兵卒，這不是埋汰人嗎？之前，謝萬的大哥謝奕也曾戲謔桓溫是老卒，但桓溫雅量，而且和謝奕是好朋友，並不介意。

現在謝萬軍中的眾將帥既不是桓溫，也沒有桓溫的雅量，平日和謝萬的關係也不好，聽了謝萬的話，無不怒火沖天、憤恨不已。

謝萬與軍中的將士關係既僵，還喜歡睡懶覺，軍務荒廢，謝安看得焦心如焚，天天到屏風後呼四弟起床。

升平三年（三五九年），謝萬與北中郎將郗曇兵分兩路，北伐前燕。

一開始還算好，謝萬安排和布置軍務井然有序，他命征虜將軍劉建修治馬頭城池，增強後防，自己率軍入渦潁，打算往洛陽支援郗曇。

哪料，郗曇忽然患重疾，無奈退兵彭城。

謝萬不明就裡，以為郗曇是兵敗而退，心理素質差，難於承受，哇的一聲大叫，自己嚇自己，倉促退兵。

士卒以為敵軍殺來，自行潰敗，豫州治下許昌、潁川、譙郡、沛郡等郡縣不戰自亂，盡皆陷落前燕之手。

謝萬不戰自潰，桓溫又氣又惱，將之廢為庶人。

謝萬羞慚無限，寫信給王羲之自我反省，裡面提到了一個詞：「慚負宿顧」，意思是：「我很慚愧，辜負了閣下長久以來的關懷照顧。」

王羲之睹之失笑，認為謝萬傲氣仍在，並沒有真正認知到錯誤，對身邊的人說道：「這個詞，是夏禹、商湯等先聖賢王用來警誡自己的專屬。」

也正因如此，謝安以後再向謝玄等子姪稱讚謝萬，那些小輩都不信服。

某次，謝安說：「中郎（即謝萬）是千載以來獨一無二呢。」

謝玄搖頭說道：「中郎衿抱未虛，胸懷不夠開闊，怎能算是獨一無二呢？」不久，昇平五年（三六一年），謝萬病逝，年僅四十二歲。

「安石不出，將如蒼生何」？為了蒼生，謝安終於出山了

謝安的哥哥謝奕已經病死，謝萬在北伐失敗後被廢為庶人，謝安再不出山，謝氏家族的權勢就會像流水一樣流逝了。

晉昇平四年（三六〇年），謝安毅然出山，此年，他已經四十多歲了。

此事傳出，朝野震動，成了特大號新聞。

他最先是到征西大將軍桓溫的帳下任司馬。

在他動身前往江陵的時候，許多朝臣都趕來相送，兩岸人海如潮，百姓都來爭睹大名士風采。

中丞高崧戲謔他說：「卿屢次違背朝廷旨意，高臥東山，人們時常說：『安石不肯出，將如蒼生何！』如今安石已出，蒼生又將如卿何！」謝安聽

第五章　謝氏風流

了，面有愧色。

謝安剛剛拜見桓溫，正好有人送草藥給桓溫，中有遠志一味。

桓溫見物起意，問謝安說：「此味藥亦稱為小草，為何一物有兩種稱呼？」謝安沉吟不語。

侍坐在旁的另一位名士郝隆語帶雙關地說：「這個容易解釋，隱在山中名叫遠志，出來就叫小草。」

謝安聽了，知郝隆在譏諷自己素有隱東山謀遠志的名聲，最終出仕不過一個小小的司馬。

其實，郝隆也就一酸文人，他任桓溫南蠻校尉府的參軍。

他曾在三月三日的詩會上寫不出詩，被罰喝三升酒。

他喝完酒，靈感這才來，卻只寫得一句：「娵隅躍清池。」

大家都讀不懂，傻了眼。

桓溫問他：「娵隅是什麼？」郝隆回答說：「南蠻稱魚為娵隅。」

桓溫說：「寫詩為何用蠻語？」

郝隆自嘲說：「我從千里之外來投奔，不過得南蠻校尉府的參軍一職，哪能不說蠻語呢？」所以，謝安只是淡淡一笑，不以為意。

而桓溫得了謝安也顯得十分得意，安置好謝安，顧盼自雄地對手下人說道：「你等此前見過這樣的客人嗎？」謝安在江陵住下，桓溫還專門去謝安的住處，看看他住不住得慣。

謝安原本在房內慢條斯理地整理頭髮，知道桓溫來了，趕緊使侍從取頭巾。

桓溫制止道：「讓司馬戴好帽子再相見。」

「安石不出，將如蒼生何」？為了蒼生，謝安終於出山了

對謝安的器重和敬愛乃是非同尋常。

即使如此，謝安和桓溫終究不是同一條道的人。

桓溫原本打算出兵北伐、立功河朔，然後返江東受九錫，再取代晉室。

哪料到，竟然是完敗而歸，一張老臉羞慚得無處擱置。

心腹郗超建議說：「您身居重位，將天下重責集一身。若不能行廢立大事，做商伊尹和漢霍光的舉動，不足鎮壓四海，震服宇內，敬請深思。」

桓溫因此定下了廢立之事，於晉太和六年（三七一年）十一月，以晉帝司馬奕陽痿而不能生育子嗣為由，逼崇德太后褚蒜子下詔廢司馬奕為東海王，改立晉元帝的幼子司馬昱為帝，是為簡文帝。

簡文帝即位這年，已經五十一歲了，上臺後，不到一年便因受制於桓溫而憂憤病倒。

趁這當口，桓溫上疏舉薦謝安接受遺詔。

桓溫以為，簡文帝會做人，會把帝位禪讓給自己。

簡文帝辭世，但迫於桓溫的權勢，群臣尚不敢馬上擁立太子司馬曜為新帝，是謝安和王彪之等人拍板，擁立了年幼的司馬曜為帝，是為孝武帝。

桓溫讀了簡文帝遺詔，願望落空，勃然大怒，認定是王坦之、謝安等人從中搗鬼，寧康元年（三七三年）入京，說是要祭奠簡文帝。

人們都說，桓溫這是要殺王坦之、謝安來了，晉室的天下要轉落他人之手了。

王坦之嚇得魂飛魄散，謝安卻泰然自若。

147

第五章　謝氏風流

桓溫到來，百官在新亭迎接。

謝安抓緊王坦之的手，鼓勵他說：「晉祚存亡，在此一行。」

桓溫在新亭大陳兵衛，百官拜於道側。

王坦之流汗沾衣，連手中的朝板拿顛倒了都不知道。

謝安氣定神閒，口裡高聲吟誦嵇康的「浩浩洪流」詩句，從容就席，並不冷不熱地問了桓溫一句：「謝安聽說諸侯有道，守在四鄰。

明公您何須在周圍安排這麼多張弓露刃的甲士呢！」俗話說，邪不勝正，在謝安強大的氣場下，桓溫立時矮了一頭，悻悻地笑道：「現狀使我不得不這樣！」謝安與之笑談良久，神色不變。

桓溫有些悻悻然，拿起謝安寫給簡文帝的諡議展示給諸將觀看，說：「此即為安石碎金也。」

桓溫在建康停留了十四天，始終不敢對二人下手，因舊疾復發，率軍返回了姑孰。

即使返回了姑孰，病情並沒有好轉，桓溫於是不停派人示意朝廷為他加九錫，想在臨死前過一把皇帝癮。

謝安、王坦之兩人沒有直接回絕，命袁宏起草為桓溫加九錫的詔命。

袁宏寫好了，王坦之一旁說：「卿文采斐然，但這道詔書，怎麼可以讓其面世！」

謝安則什麼也沒有說，只是抬筆埋頭修改，這一改，改了十多天還未改好。

袁宏覺得，以謝安的文采，修改的效率不至於這麼低，就傻乎乎地問王坦之，這到底是怎麼回事？

> 「安石不出,將如蒼生何」?為了蒼生,謝安終於出山了

王坦之只得坦誠相告,說:「桓溫的身體一天不如一天,挺不了多久,九錫之詔,能拖就拖。」

在謝安等人鎮定從容的應對之下,桓溫終於等不到九錫了,此年寧康元年(三七三年)七月乙亥日,病死姑孰,時年六十二。

可以說,孝武帝雖然年幼力弱,但有謝安與王坦之這樣的能臣竭盡忠誠輔佐護衛,終使晉室度過了難關。

桓溫死後兩個月,謝安升任尚書僕射,總領吏部事務,加後將軍,與尚書令王彪之一起執掌朝政。

第五章　謝氏風流

第六章
十六國風雲

第六章　十六國風雲

> 東晉皇帝為何被譏為「白版天子」？
> 傳國玉璽丟失，現已無蹤

秦始皇統一六國後，曾用藍田山美玉製成玉璽，上刻丞相李斯以大篆書寫的「受命於天，既壽永昌」八字，稱為傳國璽。玉璽製成不久，秦始皇南巡行至洞庭湖，遇風浪，御舟有被掀翻之險。秦始皇迷信，命人把玉璽拋入湖中，祀神鎮浪。

想想看，湖深千尺，且泥沙厚積，璽已入湖，誰能再尋？

所以，我可以很明確地回答「受命於天，既壽永昌」的傳國玉璽，就在洞庭湖底某一個地方。不過，傳國玉璽的故事也未就此結束。

因為，南巡結束，回到咸陽，秦始皇又命人重新刻製了一枚。為了維護自己的神授大權形象，秦始皇編造出一段鬼話，說八年後，車駕出巡道華陰平舒道，有人拿著玉璽站在道中，對秦始皇的侍從說：「請將此璽還給祖龍（秦始皇代稱）。」言畢不見蹤影。

這枚傳國玉璽在秦亡後，由亡國之君子嬰交到劉邦手中。西漢末年，王莽覬覦兵權，逼迫王太后交出玉璽。王太后氣不過，將玉璽摔於地上，玉璽一角被摔壞。王莽拾起，後命人用黃金將缺角補上。這枚傳國玉璽因此有了第一道「防偽標誌」──黃金角。

傳國玉璽的第二道「防偽標誌」是曹丕弄上去的。

西元二二〇年，曹丕逼漢獻帝禪位，認為曹家應該是傳國玉璽的最終歸宿，並命人在玉璽左肩部刻下隸字「大魏受漢傳國璽」。

哪料，魏為晉篡，玉璽隨即落入司馬氏之手。

東晉皇帝為何被譏為「白版天子」？傳國玉璽丟失，現已無蹤

　　西晉國祚同樣不長，八王亂起，永嘉起禍，玉璽先後為劉聰、石勒等人所得。

　　石勒建立後趙，心態和曹丕一樣，命人在玉璽右肩部加刻了「天命石氏」字樣。

　　這是傳國玉璽的第三道「防偽標誌」。

　　玉璽落在胡人之手，東晉皇帝被民間譏稱為「白版天子」。

　　冉魏滅掉後趙，冉閔命人將傳國玉璽奉還東晉首都建康。

　　東晉滅，進入南北朝，宋代晉、齊代宋、梁代齊，玉璽最後傳到了梁武帝蕭衍的手裡。

　　南梁末期發生了侯景之亂，玉璽被一個叫郭元建的人拿走，獻給了北齊朝廷。

　　北周滅北齊，隋篡北周，李唐代隋，朱溫篡位，後唐滅梁，玉璽歸後唐統治者所有。

　　西元九三七年，後唐河東節度使石敬瑭以出賣燕雲十六州為條件，引契丹軍攻洛陽。

　　後唐末帝李從珂悲憤之下，懷抱著傳國玉璽登上玄武樓自焚。照理說，玉璽是不會被大火燒毀的，但大火被撲滅後，人們怎麼也找不到玉璽。

　　也就是說，玉璽從此人間蒸發，不再現世。

　　這之後的後晉、後周、宋、元、明、清皇帝所持玉璽，全是另外刻製的。

　　特別要提到的是，明崇禎八年（後金天聰九年，一六三五年），後金多爾袞等四貝勒遠征察哈爾，奉還了一件寶物，說是秦始皇所製傳國玉璽。

　　當時，多爾袞用快馬發回奏章稱：「天錫至寶，此一統萬年之瑞也！」

第六章　十六國風雲

後金汗廷一下子樂開了，人人歡欣鼓舞。

文館漢官鮑承先上奏，「大寶呈祥，天賜玉璽，乃非常之吉兆也」，建議皇太極擇吉郊迎，以此璽鈐行敕諭，「頒行滿漢蒙古，俾遠近聞知，咸識天命之攸歸」。

皇太極點頭贊同，傳諭左右說：「此玉璽乃歷代帝王所用之寶，天以畀朕，信非偶然也！」諸後金大小臣工、明朝降臣降將，紛紛阿諛奉承。

孔有德說：「自古受命之主必有受命之符，昔文王時鳳凰鳴於岐山，今皇上得傳國寶璽，二兆略同。」耿仲明上疏：「天賜寶璽，可見天心之默佑矣。唯願早正大統，以慰臣民之望。」

……

這樣，皇太極鈐用此寶，大大方方地去汗稱帝，改國號為大清，定年號為崇德，以天子自居。

其實，皇太極所得玉璽來歷不明，並無史書所載的三道防偽標誌，絕非昔年秦始皇所製傳國玉璽！正因如此，清自乾隆以下諸帝，一直都在祕密尋訪那枚被賦予皇權神授、正統合法的信物傳國玉璽，但終無所獲。

一九二四年十一月，馮玉祥等人驅逐末代皇帝溥儀出紫禁城，警察總監張壁和鹿鍾麟等人曾在宮中進行過仔仔細細的搜索，並沒找到具備三道防偽標誌的秦始皇所製玉璽。

因此，可以下結論，具備三道防偽標誌的玉璽確是毀於後唐末帝李從珂之手。

此開國皇帝武力無雙，
醉酒上戰場，出現滑稽一幕

晉太寧二年（三二四年）正月，前趙解決了自己西面的對手；後趙吞併了自己東面敵對勢力的地盤，彼此都消除了後顧之憂，開始一爭高下。

最先發起攻擊的是後趙。

在後趙皇帝石勒的授意下，後趙司州刺史石生昂然進攻前趙新安（今河南省新安縣），斬殺前趙河南太守尹平，掠前趙五千餘戶而還。

大戰由此揭開序幕，雙方大打出手，日相攻略，河東郡、弘農郡之間，生靈塗炭，民不聊生。

戰事不斷更新。

戰爭的高潮發生在咸和三年（三二八年）。

這年八月，前趙皇帝劉曜與後趙大將石虎在蒲阪（今山西省永濟市）展開交鋒，大獲全勝，後趙軍屍體枕藉達二百多裡，石虎在親將死護下逃入朝歌（今河南省淇縣）。

劉曜乘勝追擊，自大陽（今山西省平陸縣西南）南渡黃河，直撲洛陽，將後趙司州刺史石生圍在金墉城裡面，又分遣諸將攻略汲郡、河內的土地，迫降了後趙安置在這裡的兩名太守。

後趙皇帝石勒大為震怒，決定御駕親征，與劉曜一決生死。

他命令大將石堪、石聰和豫州刺史桃豹等各自統領現有士眾會聚滎陽，並派人催促龜縮在朝歌的石虎進軍占據石門，自己親率步騎四萬趕赴金墉。

第六章　十六國風雲

　　時至隆冬，連日大雪，黃河兩岸寒風陣陣，河水因風結起浮冰，急遽沖往下游，船隻若在這種情況下過河，非被冰塊砸碎不可。

　　石勒到了延津渡口，急得團團戰，淒厲長呼：「天亡我也！」哪料，天氣忽然好轉，豔陽高照，浮冰消融，河水嘩嘩歡歌。石勒又驚又喜，幾乎要從馬鞍上蹦起，大叫：「此上天助我也！」回頭對眾將說：「從今而後，此地改名為靈昌津！」過了黃河，虎牢關赫然在望。石勒又有了新的擔憂，對狗頭軍師徐光說：「劉曜若能以重兵據守虎牢關，便是個天才；若以洛水為屏障抵禦我軍，只能算是庸才；若只是坐守洛陽，就是個十足的蠢材，必被我所擒！」事實證明，劉曜就是石勒口中的蠢材，他不僅只坐守洛陽，而且不設一兵一卒在關上據守。石勒又樂翻了，舉手加額，喃喃自語：「這就是天意啊！」石勒歷時六晝夜，自襄國到虎牢，全程一千多裡，沒有受到任何阻撓，非常順利地在十二月初一抵達虎牢，會齊步兵六萬人、騎兵二萬七千人。

　　劉曜圍攻金墉城三個多月，屢攻不下，狠勁一上，就跟金墉城裡的石生鉚上了，每天喝酒，酒後揮軍狂攻，完全忘記孤軍長襲的危險，直到巡察兵報告後趙的援軍已經渡過了黃河，他這才從醉鄉中驚醒，有心想派人到虎牢增兵構築防線，但人家不但過了虎牢，還過了洛水。

　　劉曜一身濃酒變成冷汗湧出，下令解除對金墉的圍困，全力對付石勒。

　　十二月初五，決定兩國命運的大戰打響。

　　進入洛陽城的石勒命石虎步兵三萬自洛陽城北往西攻劉曜中軍，命石堪、石聰等各率精騎八千從西明門出城向北進攻，打擊劉曜前鋒；自己則親率大軍由西明門北邊的閶闔門出擊，配合石堪等夾擊劉曜。劉曜本來以酒壯膽，哪料喝得嘴順，竟連喝了好幾斗，聽到戰鼓如雷，呼聲猶如山

崩,便跟蹌著醉步,準備跨上騎乘多年的汗血寶馬。哪料這頭畜生聞到濃郁的酒氣,似乎意識到前景不妙,一頭撲倒在地,無論怎麼打罵都不肯起。劉曜惱恨交加,卻無暇發作,匆匆換了一匹小馬,提刀上陣。西陽門的後趙將領石堪沒等劉曜列好陣形,揮軍猛擊,一下子就把劉曜的部隊衝散了。劉曜昏醉中策馬回奔。

奈何小馬力弱,冰地又滑,根本走不快,沒幾步,就馬失前蹄,將劉曜摔了個跟頭,重重栽在冰地上。

後趙軍看見敵國的皇帝倒地,眾口同聲,齊發歡呼,蜂擁而來。

就這樣,劉曜被後趙軍士像捉小雞一樣捉起來了。

前陣軍士遠遠見了,無心再戰,一鬨而散。

殺人狂魔石勒縱兵追殺,斬首五萬餘級,酣暢而歸。

劉曜和石勒原是劉淵的左膀右臂,他們自攻陷了洛陽後,一別就是十八年。

此番見面,階下囚劉曜仰視勝利者石勒,弱弱問道:「石王!憶重門之盟否?

」當年,他們合兵攻打洛陽時,曾在重門(今河南省輝縣西北二十里)立下盟約:誰功業有成,則不忘提攜對方;即便以後反目了,也互不傷害對方。

石勒沒有忘記這個盟約,但不打算踐行,他獰笑著說:「今日之事,乃是上天使然,天意不可違。」命人斬殺劉曜。

行刑前,有白鬚老者上禮石勒,求見劉曜一面。

老者帶來了一壺酒給劉曜,邊斟邊唱起歌兒來:

第六章　十六國風雲

僕谷王，關右稱帝皇。

當持重，保土疆。

輕用兵，敗洛陽。

祚運窮，天所亡。

開大分，持一觴。

劉曜聽著老者的歌，虎目落淚，強作笑顏，接過酒觴，說：「唱得真有道理，值得我痛飲此杯！」接過酒，連同落下的淚，一飲而盡。

劉曜死後，石生、石虎率大軍殺入關中，擒殺劉熙，乾淨漂亮地消滅了前趙。

這個皇帝喜歡在朝臣面前秀父愛，結果悲催了

後趙武帝石虎是後趙明帝石勒的堂姪，早年跟隨石勒征戰沙場，殺伐四方，見證了西晉王朝滅亡的全過程。

石勒死後，石虎透過篡位的方式從石勒的兒子石弘那奪取了帝位。

登上了帝位的石虎喜愛享樂，每天好酒好菜，養得又白又胖，連走路都困難。

既然走路都困難，就更加懶得行動了，乾脆立兒子石邃為太子，把政事推給太子處理，自己沉迷於玩樂享受。

石虎非常寵愛太子石邃，經常當著文武大臣的面，摟著這個長得比自己還高還壯的兒子，大秀父愛。

每當這個時候，石虎就會感慨萬分地對群臣說：「朕就是想不通，為什麼西晉司馬氏父子兄弟要自相殘殺，他們真傻啊，要不是他們自相殘殺，朕又怎麼會有在中原稱帝的機會？

你們都瞧瞧，像朕這樣父子相親相愛，是絕對做不出那種骨肉相殘的獸行來的！」石虎是如此地誇耀自己父子情深，但太子石邃存心要打父親石虎的臉似的，總是變戲法一樣弄出許多要點燃石虎怒火的事，不斷地考驗著石虎的忍耐力。

石虎喜歡和年輕美貌的女子作樂。石邃也一樣，瘋狂地尋找更年輕、更美貌的女子作樂。在石虎看來，這並不是什麼不得了的事情。但石邃作樂以後，會將這些女子殺死，割下她們的腦袋，將斷頸和臉上的鮮血沖洗乾淨，端端正正地擺放在盤子上，邀請左右近臣一同欣賞。

石虎信佛，對僧尼非常虔誠、尊敬。

石邃就大量搜捕年輕俊俏的尼姑入宮，將她們凌辱過後一一殺死，剁成肉醬倒進小耳朵中煮熟分給屬下，讓他們品嘗人肉的滋味。

長此以往，石虎也覺得這個兒子做出這些事，相當不可靠，有點懷疑兒子處理政事的能力，便交代兒子決斷政事時要向自己請示。

石邃很不配合，就專門選擇在石虎行歡作樂時前來請示，而且請示的都是些雞毛蒜皮的小事。

一來二去，搞得石虎很敗興，但為了不讓外人笑話，還得強忍著怒氣，做出心平氣和狀，說：「無關緊要的小事情，就用不著請示了。」得了石虎這句話，石邃從此就再也不向石虎做任何請示了。

石虎命人將石邃找來，喘著粗氣，盡量壓低嗓門問：「跟你說過的，決斷政事必須要向朕請示，你到底聽進去沒有？」

第六章　十六國風雲

　　石邃一梗脖子，說：「全都是些無關緊要的小事，請啥示？」

　　石虎再也忍不下去了，大吼一聲：「真是目無尊長！」掄起大棍子朝石邃狂毆過去。

　　石邃身手遠比肥胖的父親靈巧，一下子躲開了，回到太子宮，氣呼呼地對屬下說：「我要像冒頓單于殺父一樣殺掉他！」這個皇帝很疼愛自己的孩子，不斷在朝臣面前秀恩愛，結果悲催了。

　　殺父誅君是彌天大罪，近臣們無人敢作聲，撲通撲通地全跪伏在地，不斷磕頭。

　　石邃見大家不說話，也意識到殺父事態比較嚴重，想了想，轉而提議殺弟弟石宣。

　　原來，石虎認為西晉司馬氏的子弟冷血、缺乏人性，所以會自相殘殺。他就對自己的兒子大肆傾注愛意，希望養出濃濃的父子親情來。除了寵愛石邃，立石邃為太子，也同樣很寵愛其他兒子，特別是河間公石宣和樂安公石韜。

　　為此，石邃醋意大作，早就恨不得手刃了這兩個弟弟。

　　這天，石邃藉著酒意，揚言去殺石宣。

　　但仍是無人響應。

　　石邃也知道單靠自己成不了事，發了一陣酒瘋，就睡了。

　　石邃這一鬧，他的母親鄭皇后嚇得不輕，派貼身宮女前來看望。

　　石邃看宮女來了，正好洩憤，跳起來將宮女殺死了。

　　石虎還不知道石邃要殺父殺兄弟的事，用大棍打了石邃後，覺得自己的行為太掉份了，太有損以前的「慈父」形象了，便派宮內的女官前去探

視慰問石邃。

石邃殺了母親派來的宮女，劍上的血還沒擦拭乾淨，看父親的女官來了，反手又是一劍，把女官砍死。

石虎又驚又怒，派人細查，很快知道了事情的經過。

石虎大為震怒，一拍龍案，宣布廢石邃為庶人。

可是，石虎的熊熊怒火根本澆不滅，最終一口惡氣沒法嚥下，派兵士殺入東宮，將石邃、太子妃妾以及石邃的兒女共二十六人全部殺死，將屍體塞入一個大木棺材裡找個骯髒地方胡亂埋了。又誅殺東宮宮臣、近侍二百多人，廢石邃的母親為東海太妃。

殺了石邃，石虎立刻把另外一個兒子石宣立為太子。

石宣其實比石邃更加凶殘暴烈。

石宣曾在漳水邊大興臺閣，讓民夫在風雪中勞作，凍死累死了數萬人，他卻視若無睹。石宣酷愛打獵，當上太子後，乘在高大的輦車上，豎起天子旌旗，率領著十八萬士卒出城圍獵。石虎從後宮陵霄觀遙看石宣隊伍的威勢，歡呼拍掌說：「我家父子威風如此，如果天不崩、地不陷，則石家的江山將會千千萬萬代，世間還有什麼能讓我憂慮的事呢？我只管放心享樂就是了。」石宣打獵有這樣的威勢，石虎希望另一個兒子樂安公石韜也有這樣的威勢，撥了十萬大軍給石韜，讓他從并州到秦州、雍州打獵。

石宣頓時感覺到了石韜對自己構成的威脅，就派人暗殺石韜，把石韜的四肢砍掉、雙眼剜空、肚子搗爛。

為了早登帝位，石宣還打算在石韜的喪禮上收拾石虎。

幸虧石虎的耳目眾多，提前得到了消息。

第六章　十六國風雲

石虎原本是個殘暴之人，但得到消息那一刻，竟然全身直打戰，牙齒直冒涼氣。

石韜是石宣同父同母的弟弟，他竟然施此毒手，可知其毫無人性！甚至，其還要欺天殺父，真是天理不容！石虎一怒之下，命人用鐵環穿過石宣腮幫，用大鐵鎖鎖緊四肢，關進豬圈，用豬食來餵養。

折磨了一段時間後，石虎還是覺得不殺此孽子，難消恨氣，於是讓人在鄴城城北埋起柴堆，上面設定了木桿、桿上安裝了轆轤，將石宣絞吊起來，用石宣殺死石韜的方式，砍掉石宣的四肢、剜空他的雙眼、剖開腹部，揪出裡面的腸臟，一寸寸割斷，再搗爛整個肚子。等石宣奄奄一息時，再在柴堆四處點火，把石宣燒成灰燼。

這樣還不夠！石虎再下令把灰燼分散到名門道中，任千人踩、萬人踏。

事情還沒完。

石虎又命人將石宣的妻、子九人殺死，又把石宣的衛士、宦官等數百人車裂，將屍體投進漳河。東宮十萬多衛士則全部貶謫戍衛涼州。並將石宣、石韜的生母杜氏廢為庶人。

處理完這些，石虎才緩過氣來。但也大受刺激，就此病倒，再也不提關於自己父子情深的話了。

此人武藝超群，無人能敵，憾死於連環馬陣

冉閔，字永曾，小名棘奴。其父冉瞻，魏郡內黃（今河南內黃西北）人，因不堪劉淵、石勒之類的匈奴人、羯人殺戮搶掠，八九歲投入并州刺

> 此人武藝超群，無人能敵，憾死於連環馬陣

史司馬騰所率領下逃難求食的「乞活軍」中。

永嘉四年（三一〇年）七月，石勒於河內大破乞活軍，俘虜了很多乞活軍軍將，其中就有年方十二歲的少年勇將冉瞻。

石勒愛其年少驍勇，命姪兒石虎收養其為義子。冉瞻打仗勇猛，攻戰無前，在石虎帳下屢建奇功，歷位左積射將軍、西華侯。

咸和三年（三二八年）七月，石虎率後趙大軍與前趙軍交戰，被劉曜打敗，冉瞻戰死於亂軍之中。

石虎心傷愛將，視冉閔如同親孫。

冉閔年稍長，身長八尺，騎朱龍赤馬，左手使雙刃矛，右手使鉤戟，其謀略、果斷、勇氣非但遠勝其父，武力指數更稱得上兩晉年間第一人。

石勒死，石虎篡奪了姪兒的帝位。

石虎取笑司馬氏宗王之間因出現了「八王之亂」而致喪失天下，而他的兒孫們後來也轟轟烈烈地上演了一齣屬於他們的石氏版「八王之亂」，參演主角有後來繼位的石世，以及石遵、石斌、石沖、石衍、石鑑、石苞、石祗七個宗王，一個不多，一個不少，剛好也是八個。

八個宗王之間，這個殺了那個，另一個又殺這個，殺得很熱鬧，被捲進來的大臣、將領、士兵，還有無辜平民，死傷無數，血流成渠。

冉閔，就在這些紛亂中崛起。石遵要廢石世而自為帝，遍視朝中文武，最為強悍武勇者為冉閔，為了得到冉閔的支持，就以自己膝下無子為由，哄騙冉閔說：「事成後，太子由你來做。」可真等到他登基了，卻食言自肥，立了姪子石衍為太子。

因為忌憚冉閔，石遵還召集了義陽王石鑑、東平王石苞、汝陰王石琨、淮南王石昭等人密謀除掉冉閔。

163

第六章 十六國風雲

　　為求自保，冉閔先下手將石遵廢了，推舉石鑑為帝。但石鑑跟石遵一樣，都是善於反噬的白眼狼，他暗中指使東平王石苞、中書令李松等率軍夜攻冉閔。

　　此後，中領軍石成、侍中石啟、前河東太守石暉、龍驤將軍孫伏都、劉銖等人也紛紛加入誅殺冉閔的隊伍中來。

　　冉閔將這些人一一挫敗，殺了石鑑並石虎的子孫三十八人，鄴城裡所餘的石氏一族盡數被誅。

　　非但如此，冉閔還頒布了一道指令，宣布：漢人斬一個胡人首級送到鳳陽門的，凡文官進位三等，武職都任牙門。

　　結果一天之內，數萬胡人的人頭滾滾落地。

　　冉閔親自率領漢人誅滅匈奴人和羯人，死者達二十餘萬！既已決心斬盡胡人，原後趙司徒申鍾、司空郎闓等四十八人尊冉閔為帝。

　　冉閔遂於永和六年（三五〇年）正月稱帝，大赦天下囚犯，改年號為永興，國號大魏，史稱冉魏。

　　石氏僅餘的一脈，即據守在襄國的石祗。

　　石祗聽說石鑑已死，便就地即趙皇帝位。

　　六夷胡人因冉閔大肆殺胡，紛紛響應石祗政權，接受他的封號，匯合起十萬大軍進攻鄴城。

　　冉閔率軍於邯鄲迎擊，大獲全勝，斬殺萬餘羯胡士兵。

　　石祗惱羞成怒，派後趙大將張賀度在昌城再集結十萬餘人擬再次大舉進攻鄴城。

　　冉閔聞報，先命王泰等三大將率步騎十二萬於黃城屯紮，自己親統八

萬精卒為後繼，直撲昌城。

蒼亭一戰，斬殺後趙軍近三萬人。冉閔振旅而還，軍力三十餘萬人，旌旗鐘鼓綿亙百餘里，即使石勒、石虎兩朝全盛時均未有這等壯觀。

但目睹匈奴劉氏和羯胡石氏興亡全過程的隴西名士辛謐提出了自己的憂慮，寫信懇勸冉閔，說道：「物極必反，致至則危。君王功已成矣，宜因茲大捷，歸身晉朝，必有由、夷之廉（許由、伯夷的廉明），享松、喬之壽（赤松子、王子喬的高壽）。」冉閔在戰場上所向無敵，目空一切，哪裡聽得別人的勸告？

這年年底，他又親率步騎十萬進攻襄國，與石祇反覆交鋒。

石祇飽受摧殘，心寒膽裂，自去皇帝之號，稱趙王，派人潛往鮮卑慕容燕國那裡乞師，許諾以傳國玉璽相贈。同時，又派人去羌人姚弋仲處求援。

姚弋仲很快發來二萬八千兵救援，燕王慕容也派了三萬兵來助。

冉閔在胡、羌、鮮卑三方夾擊下，腹背受敵，很快崩潰，迎來了他人生中的第一次慘敗，狼狽不堪地奔還鄴城。

所謂此消彼長，冉閔的三十萬大軍已經潰散，石祇氣焰頓囂，命其大將劉顯將兵七萬撲向鄴城。

冉閔雖然兵微將寡，但左手持雙刃矛，右手持鉤戟，騎朱龍赤馬，一馬當先，展開絕地反擊，殺敵三萬餘，把劉顯逐殺至陽平。

劉顯窮途末路，祕密派人請降，自稱願回襄國殺石祇謝罪。

冉閔應允，放了他一條生路。

劉顯逃回襄國，果然帶兵殺了趙王石祇及其宗室、高官十餘人，將首級送往鄴城。

第六章　十六國風雲

冉閔大喜，下詔封劉顯為上大將軍、大單于。但是，劉顯並不甘願屈居人下，他據襄國稱王，發兵急攻冉閔轄下的常山。

冉閔勃然大怒，親率八千精騎馳援常山，打得劉顯滿地找牙。

劉顯哭著喊著逃回襄國。

冉閔出手不留情，攆著他的屁股打，追入襄國，將劉顯斬落馬下，並將石勒苦心經營了半生的襄國宮室付之一炬，方才長笑而還。

因冉閔自立國來與羌胡相攻，無月不戰，民眾無法耕種，國用物資漸漸坐吃山空。

鮮卑燕王慕容儁知冉魏乏糧，認為進取中原的機會來了，於東晉永和八年（三五二年）五月以慕容霸統率東路軍、慕輿於統領西路軍，自己親率中路軍，分三路南下。

慕容來勢凶猛，連克幽州、薊州，聽說冉閔在常山一帶就糧，遂派慕容恪率軍前去進攻。

冉閔的大將軍董閏和車騎將軍張溫看見燕軍勢大，諫勸說：「鮮卑連下幽、薊，氣勢正盛，且彼眾我寡，不如先避其鋒銳，等其懈怠，再增兵與之相較！」冉閔搖頭道：「我正要收復幽州，斬殺慕容，現在才遇上慕容恪，就走而避之，還說什麼取天下？」下令全軍向燕軍開進。

冉閔先在安喜（今河北省定州市）列出陣勢。

慕容恪大軍逼近，看見冉魏軍數量雖少，卻是殺氣沖天。

慕容恪思量再三，不敢發起攻擊。

冉閔看燕軍不敢出戰，便引軍往常山方向轉移。

慕容恪硬起頭皮，麾兵進擊。

雙方於廉臺展開了一場驚風雨、泣鬼神的惡戰。

這一戰，燕軍數倍於魏軍，且多為騎兵，卻連戰十場，均敗在冉閔所率的步卒之下。

戰到後來，燕兵人人危聵，看到魏兵即走。慕容恪乃慕容皝第四子，被後世譽為十六國第一名將，他見冉魏軍隊凶悍，就想了一計，命人用鐵鎖將戰馬連線起來，挑選了五千名善射的鮮卑勇士，列成方陣前進，目的是困死冉閔。

冉閔乘坐在朱龍赤馬上，左手揮舞著雙刃矛，右手猛掄鉤戟，在戰陣中左衝右突，所向披靡。但胯下朱龍赤馬征戰良久，力盡倒斃，致使冉閔摔落被擒。

慕容恪縛送至薊城（今天津薊州區）。

慕容以勝利者的姿態斥問道：「你不過奴僕下人，為何妄自稱作天子？」

冉閔冷笑道：「天下大亂，你等夷狄之族，人面獸心，尚且意欲篡位謀反。我乃中土英雄，何為不可做帝王！」慕容惱羞成怒，將冉閔鞭三百，送至龍城（今遼寧朝陽）遏徑山處斬。

冉閔所建魏國，立國僅三年，宣告滅亡。

這個暴君首次做媒，哪知被做媒的雙方是兄妹

苻生是前秦的第三任帝王、開國皇帝苻洪的孫子、第二任皇帝苻健的第三個兒子，天生獨眼。

第六章　十六國風雲

　　由於當時流傳著「三羊五眼」的讖文，苻健臨終前考慮再三，把帝位傳給了這個獨眼兒子。

　　可以說，是獨眼龍的身分為苻生帶來了好運，如果不是這個身份，帝位就不可能傳給他。

　　苻生自小貪玩，不學無術，除了有一身蠻力，什麼也不會。

　　苻生很厭惡自己是獨眼龍的身分。

　　如果誰不小心說他是獨眼，即使那人是天王老子，他都會跳起來跟那人拚命。

　　曾經，祖父苻洪在他很小的時候逗他玩，說：「我聽說獨眼龍啼哭的時候，瞎了的眼睛不會流眼淚，是真的嗎？」

　　苻生一聽，青筋暴起，火冒三丈，但年幼體弱，無法跟祖父相拚，就找來一把短刀，惡狠狠地朝那隻瞎眼捅去，指著裡面汩汩流出的鮮血，猙獰可怖地號叫道：「誰說沒有眼淚？看，這不是眼淚嗎？」

　　饒是苻洪英雄一世，也被嚇了一大跳，知道這個孩子惹不得。

　　苻生長大後，力大無窮，能徒手把猛獸摔死。前秦與晉軍開戰，苻生像虎入羊群一樣闖入晉軍的陣地，來來回回斬將奪旗十餘次，無人能敵。

　　在戰場上，苻生大肆殺人，心理上得到了極大的滿足。

　　當上皇帝後，不能再上戰場了，苻生便透過殺臣下以獲得快感。

　　苻生登上帝位的當日，就興沖沖地要改年號，並尊母親強氏為皇太后，立妻子梁氏為皇后。

　　右僕射段純對他說：「先帝剛剛嚥氣，不應該馬上改元。」苻生獨眼一瞪，大吼了一聲，殺！把段純斬立決。

> 這個暴君首次做媒，哪知被做媒的雙方是兄妹

前秦大將強懷在前線作戰捐軀了，苻生卻沒有任何表示。

強懷的妻子就守在苻生遊玩的路旁請封。

苻生像被點燃的炮仗，怒吼道：「封賞不封賞得看我的心情，怎麼是你可以妄求得到的？」

他拉開大弓，把箭抵在強懷妻子的腦袋上，釋弦將強懷妻子射死。

前秦的中書監胡文、中書令王魚入奏，說天象示警，國有大喪，大臣戮死，只有君主修德養國，國家才可以躲過這一劫難。

苻生仰天大笑，說：「既然是老天降下的劫難，哪能躲得了的？大喪之變，就應在皇后身上；至於大臣戮死，那就更加容易了。只要殺了朝中重臣，也就順應天警了。」當天，苻生就提著寶劍親手把自己的妻子梁皇后砍死了。

接著，又不由分說，傳令斬殺了朝中大臣太傅毛貴、車騎將軍梁楞、左僕射梁安等人。

苻生殺人殺上癮了，又殺了丞相雷弱兒，並把他的九個兒子、二十二個孫子全部斬殺。

苻生的身邊常常放置有刀、斧、弓、箭、鐵錘、鐵鉗、鐵鋸、鐵鑿等殺人凶器，稍有不快，便要殺人解悶。

強太后的弟弟光祿大夫強平以為自己是苻生的親舅舅，苻生多少會給自己一點面子，曾勸諫苻生不要太過分，得饒人處且饒人。

苻生氣得三尸神暴跳，讓人按住強平的腦袋，自己揮起鐵錘、拿起鐵鑿就是一陣猛鑿，把強平的腦袋鑿穿，腦漿濺了一地。

苻生的母親強太后聞此噩耗，竟被活活氣死。

第六章　十六國風雲

　　關中一帶，常有猛虎出來傷人，百官奏請苻生想辦法清除虎害。

　　苻生板起臉訓斥說：「猛虎生性就是吃肉的，吃飽了就不吃了，有什麼好清除的？」

　　群臣無言以對。

　　苻生在阿房遊玩，雨過天晴，看見兩個男女青年撐傘同行，男的英俊帥氣，女的青春靚麗，一時興起，便讓人帶二人來問話，問：「你兩人年紀相當，又有夫妻相，是夫妻嗎？」

　　二人連連擺手說：「我們是兄妹，不是夫妻。」苻生臉色一變，獨眼發出凶光，怪叫道：「朕今日心情大好，要幫你們做媒，這是我第一次做媒，你們怎麼可以是兄妹？不行，朕要賜你們拜堂為夫婦，現在就在這裡拜天地，然後圓房交歡，不得有違。」二人沒法完成苻生的指令，最終被苻生亂刀砍死。

　　苻生與寵姬在樓臺上歡宴，關中第一美男尚書僕射賈玄石從樓下走過，自然而然地吸引了寵姬的目光。

　　苻生覺察到了，獨眼裡閃爍著寒光，用力捏著寵姬的下巴問：「怎麼？你是不是喜歡樓下走過的這個人？」

　　寵姬驚恐著不敢回答。

　　苻生拔下佩劍，交給身後的衛士，說：「去，你把賈玄石請上來。」衛士捧著劍下樓，把賈玄石的腦袋砍下提了上來。苻生接過鮮血淋淋的人頭，一往情深地塞到寵姬的手裡，非常溫柔地說：「只要是你喜歡的，我一定會讓你得到。」寵姬嚇得魂飛魄散，暈厥了過去。

　　苻生就是這樣殺人如割草，毫無人性。前秦的臣子，天天生活在死亡線上，朝不保夕。每天上朝，都會和妻兒老小揮淚訣別，不知這一去還能不

能回來;每天下朝,則是舉杯痛飲,和家人共同慶祝自己又多活了一天。

而當死亡的陰影籠罩到了苻生的堂兄弟苻法和苻堅頭上,苻法和苻堅哥倆坐不住了,商量對策,決定趁苻生喝醉了酒,率數百敢死壯士,殺入宮中,先下手為強。

很快,苻堅兄弟的計畫成功了。苻生,一個凶殘嗜血的魔君總算從地球上消失了。而前秦帝國在苻堅的統治下,一度走向了前所未有的強大。

第六章　十六國風雲

第七章
大戰前後

第七章　大戰前後

東晉是怎樣在淝水之戰以八萬人戰勝百萬敵人的？

晉太元八年（三八三年）七月，苻堅下詔南征，強令各州十丁遣一兵，徵用公私馬匹，二十歲以下、有才勇的良家子都拜羽林郎。

同年八月上旬，苻堅兵伐長安。

其自領的兵力有：步兵六十多萬、騎兵二十七萬。

東西萬里，水陸齊進，聲勢浩大。

消息傳入建康，東晉上下，莫不震駭。

只有謝安一如既往地鎮定自若，他運籌帷幄，從容不迫地調兵遣將。

有一則小故事，足以顯示謝安的心理素養之強、胸懷之大。

話說，當時很多遊兵散卒和有錢人的奴僕從前線逃回來，流竄到南塘一帶，躲藏在船裡。有人要求對這些船進行搜查，謝安及時制止，說：「若不容置此輩，何以為京都？」

東晉為防禦前秦所建構的防線分東西兩路。西路軍由桓溫之弟桓沖督統，共計十萬，駐紮在江州，扼守長江中游，阻止前秦軍水師東下。關乎東晉存亡的是東路防線，謝安親自節制東路軍，他以弟弟謝石為都督，姪兒謝玄擔任前鋒，兒子謝琰、西中郎將桓伊等人一同配合，共統軍八萬，在淮河兩岸抵禦秦軍。另派龍驤將軍胡彬以水軍五千增援壽陽（今安徽省壽縣）。

桓沖不放心建康的安全，請求發精兵三千入衛，謝安堅決拒絕，說：「朝廷這邊安頓得很好，兵甲無闕，你自己好好把守你的西面防線。」

桓沖絕望地對手下人說：「謝安石有廟堂之量，無將略之才。現在大敵垂至，只知發表高論，派遣未經戰事的子姪輩前去抵抗，雙方力量如此懸殊，天下事已可知，我等只怕從此要改穿胡衣胡服了。」桓沖的悲觀情緒溢於言表。

但前秦雖然龐大，卻也有致命弱點。

前秦號稱百萬南征，但這將近一百萬的人馬是分散在全國各地的，應徵入伍後，邊集結邊開赴前線。九月，苻堅本人已經到了項城（今河南沈丘），涼州的兵才到咸陽，幽、冀二州的兵才到彭城，只有陽平公符融等軍約三十萬人到了穎口，即穎水進入淮河之口（今安徽穎上縣東南），兵力分布非常分散。

也就是說，這一百萬軍隊也並非合攻一個點。

其中慕容垂部三萬人，負責打西路的鄖城（今湖北安陸一帶）。

苻融、張蠔部二十萬人，負責打先頭陣地壽陽。

羌人姚萇所督統益、梁的軍隊，梓潼太守裴元略率水軍七萬從川中順流東下，負責攻取東晉都城建康。

苻堅自統的北方主力，則在項城集結。

說到底，桓沖所要阻擊的就是姚萇、裴元略所率秦軍水師。

本來北方軍隊就以騎兵見長，水師孱弱，而姚萇又與苻堅面和心不和，此次南征，不過是敷衍了事而已。所以，這場衛國戰能不能勝利，關鍵是看謝石所部東路軍的表現。苻堅還在項城集結主力，而讓弟弟苻融、部將張蠔領二十萬人先取壽陽。

苻融和張蠔的二十萬人來勢凶猛，沒怎麼費力就拿下了壽陽，然後進取硤石（今安徽鳳臺西南），另派梁成部的五萬兵馬殺往洛澗（今安徽淮南

第七章　大戰前後

東），在淮河上修築了層層疊疊的柵欄，以切斷堅守硤石的晉軍糧道，並阻止晉東路軍的到來。

謝石、謝玄聞壽陽已失，前秦軍正在狂攻硤石，便率領本部八萬大軍往援，但到了洛澗，即被秦將梁成所阻，只好紮下營寨，不敢貿然輕進。

堅守硤石的晉將胡彬糧草耗盡，岌岌可危，只好頻頻派人向謝石求救，使者相見於道。

可以說，胡彬等五千人已成甕中之鱉，等待他們的，只有水煮或清蒸的下場了。

可笑的是，苻融卻擔心夜長夢多，派人趕往項城向苻堅報告：「賊少易擒，但恐逃去，宜速率軍前來合擊。」苻堅是個治國的王者，打仗卻是個門外漢，缺少了良相王猛的輔助，竟然昏頭昏腦，生怕胡彬五千人逃脫，又聽說晉軍主力就屯駐在洛澗前二十五里，心想，這正是全殲晉軍之良機。他只從軍隊人數多寡上對比了一下，覺得洛澗八萬晉軍再加上硤石的五千人，根本就不能與弟弟苻融的二十萬人比，於是就不再坐等軍隊集結，自己興沖沖地率領八千輕騎兵，連夜趕到壽陽督戰。

苻堅還生怕洛澗八萬晉軍得知自己前往壽陽的消息而提前遁去，一再嚴令手下保密。

這番運作下來，他所耗盡民財徵來的近九十萬人馬就只成了九十萬臺造糞機，每天只是吃飯造糞，並沒加入作戰行列中去。

奇怪的是，到了壽陽，苻堅又不擔心晉軍主力逃走了，他派了在襄陽收降的晉將朱序前往晉營勸降，企圖憑藉自己強大的軍事壓力讓晉軍放棄抵抗，集體投降。

要說，派人往晉營勸降是可以的，但為什麼要派朱序呢？

大概，苻堅認為朱序是從晉營投降過來的，由他出面，現身說法，對晉軍比較有說服力。他也不想想，朱序的投降，到底是真心實意還是虛與委蛇。實際上，朱序是因襄陽失陷被擒，迫於形勢，才虛與委蛇，投身前秦的。

這番返回晉營，他不但不向謝石等人勸降，反而將前秦軍的虛實和盤托出，並幫著想對策、出主意。

他說：「若坐等秦師百萬之眾盡至，我軍誠難與為敵。現在乘他們尚未完成集結，迅速出擊，若能擊敗其前鋒部隊，使其士氣喪失，則勝負可定。」謝石原本的心思是，前秦軍這麼強大，是不可能和他們硬拚的，只能以游擊戰的方式與之纏鬥，一旦對方百萬人馬的糧草供應不上，自己就算贏了。

現在聽了朱序的話，如夢初醒，叫道：「對對對，這仗得趕緊打，打得越早對我軍越有利！」謝石馬上召集諸將，制定作戰方案，擬集中兵力，先予前秦軍先頭部隊以迎頭痛擊。

十一月，謝玄命手下悍將劉牢之率五千北府兵突襲洛澗。

這支晉師精銳以迅雷不及掩耳之勢渡過了洛澗。

前秦軍自恃勢大，根本就沒想到晉軍還敢前來偷襲，這一下出其不意，前秦軍的營寨瞬間崩潰。

秦軍主將梁成被殺，潰兵四散奔逃，溺死、被殺者高達一萬五千多人。

謝石、謝玄水陸齊進，晉軍開至淝水東岸，與壽陽的前秦軍隔水對峙。

苻堅聽說前線吃了敗仗，寒意橫生，對晉軍的真實兵力產生了懷疑。他登上壽陽城樓檢視晉軍虛實，但見東晉的軍隊布陣嚴整，和八公山上的草木連成一片，無邊無際，也不知哪些是兵，哪些是草木，又或者全都是

第七章　大戰前後

兵。不由得臉色蒼白，掉頭埋怨苻融說：「這漫山遍野全是兵，你怎麼說他們軍寡兵弱！」成語「草木皆兵」就是這麼來的。

苻堅這邊對晉軍的攻勢感到恐懼和憂愁；謝石、謝玄那邊更對前秦軍的攻勢感到恐懼和憂愁。

謝石、謝玄是想按照朱序說的速戰速決，但晉、前秦兩軍之間隔著一條淝水，這仗怎麼打呢？

謝玄想了又想，決定派人去勸苻堅將前秦軍往後挪一挪，騰出點空間，好讓自己過河。

謝玄這個想法讓人覺得不可思議，須知，那苻堅又不是小孩子，怎麼可能會聽從你的話向後挪？

但是，世間有很多事，可能你想都不敢想，卻偏偏就能實現。

謝玄的使者對苻堅說：「您孤軍懸入，不就是想速戰速決嗎？卻又緊逼淝水部署軍陣，不讓我軍過河決戰，這明顯是要打持久戰的節奏。到底敢不敢與我軍決戰？如果敢，就移動兵陣稍微後撤，讓我軍渡河與你等一決生死，如果不敢，那就繼續保持你的持久之計。」

前秦諸將都笑了，說：「我眾你寡，我們就要臨河遏制你們，使你們不能上岸，這樣我們才可以穩居不敗之地。」但前秦諸將說的話是不能作準的，決定的是苻堅。

明明是個軍事門外漢，苻堅卻以讀過幾篇兵書以兵家自詡，他說：「我軍可以稍稍後撤，讓他們渡河，渡到一半，我們再發起攻擊，兵書上不是說了嗎？『半渡而擊』總會有意外的收穫！」皇帝說話，一諾九鼎，地動山移。苻融揮舞戰旗，指揮兵眾後退。

這二十萬大軍，前軍變作後軍往後一撤，原來的後軍就莫名其妙，咦，

前面的兄弟為什麼後撤了？是不是前面已經戰敗了？大家邊動身邊討論這個問題。

前秦軍中的朱序抓住這難得的機會，大呼：「前軍已經戰敗！」聞者色變，跟相呼叫，全軍齊呼：「戰敗了，快走！」二十萬人互相踐踏，勢如山崩。對岸的晉軍見了，也不用指揮官說話，都拎武器渡河掩殺過來。結果，苻融被亂軍踐踏而死。苻堅跑得快，保住了小命，但耳中風聲鶴唳，全是晉軍的喊殺聲，草行露宿，不敢稍有停歇，急急形如喪家之犬，惶惶好似漏網之魚，好不悽愴悱惶。

謝玄、謝琰等揮軍追擊，一直追到青岡。這就是歷史上著名的淝水之戰。淝水功成，千年來，不知激勵了南方多少仁人志士。南宋諍臣李綱為之賦詞云：

長江千里，限南北、雪浪雲濤無際。

天險難逾，人謀克壯，索虜豈能吞噬。

阿堅百萬南牧，倏忽長驅吾地。

破強敵，在謝公處畫，從容頤指，奇偉。

淝水上，八千戈甲，結陣當蛇豕。

鞭弭周旋，旌旗麾動，坐卻北軍風靡。

夜聞數聲鳴鶴，盡道王師將至。

延晉祚，庇烝民，周雅何曾專美。

第七章　大戰前後

前線危機，王羲之和謝安只知飲酒作樂？

有人說，前線危機，王羲之和謝安只知飲酒作樂。這裡說的前線危機，指的是淝水之戰。淝水之戰前，王羲之在政治上一直失意，先是在武昌、江蘇為官時整頓吏治失敗，自請移任會稽內史，又同樣因肅反貪官慘遭失敗，遂心灰意懶，與孫綽等名士聚嘯東山，精研書法、討論玄學。

謝安的情況要好一些。

桓溫篡晉未成而歿，謝安入朝主宰要樞，指揮淝水之戰告捷後，欲請王羲之入朝同輔朝政，無奈王羲之已久病而逝。

而謝安也在統籌北伐後不久病逝於廣陵。

所以說，淝水之戰前，「身為將領的王羲之」和謝安在「飲酒作樂」是無稽之談。

不過，謝安身為東晉舉國臣民的主心骨，他所表現出的鎮定自若，是令人欽佩的。

當時，前秦的百萬大軍威逼壽陽，建康滿城震恐。

東晉軍心、民心的崩潰，就在轉瞬之間。

謝安以一己之力，支撐起千鈞重擔，在朝廷之上，鏗鏘有力地說了一句：「可將當軸，了其此處！」意思是：我要集中國家的菁英力量，擒獲敵首，來一場了斷！這樣一句話，沒有膽魄、氣量和擔當，是說不出來的。

當日，謝安就以征討大都督的身分負責軍事，派姪子謝玄等人率兵八萬前去抵禦。

謝玄對這一仗的打法並沒有規劃，想向叔叔探詢。

謝安也不多說，只說：「你到了前線只管按你的思路去打，其他的不要多問，我都已經安排好了。」謝玄覺得太玄，另外拜託自己的朋友張玄去試探謝安的計畫。謝安見了張玄，並不談論軍機，而是駕車帶他到自己興建在山中的別墅下棋、遊玩。

張玄丈二和尚摸不著頭緒，回去後向謝玄彙報。

謝玄卻如釋重負，心中完全鎮定下來了。

其實，非但謝玄，整個建康城，整個東晉，都被謝安的鎮定、安閒、從容不迫所感染，人心大定，集市不驚。

全國軍民都相信，在謝安的帶領下，一定能取得最後的勝利。

謝安能表現出這樣的從容，是不是已經掌握了致勝的法寶了？

並不是。

謝安當然清楚，前秦這次為東晉帶來的危機，很可能是毀滅性的。

但強敵已至，退無退路，藏無藏身之所，能做的就是堂堂皇皇地打上一仗，死也要死得優雅，死也要死得有尊嚴！退一萬步說，兵凶戰危，戰場上的戰機瞬息萬變，勝與敗並不是絕對的，由勝轉敗或由敗轉勝，有時就在一線之間。

而且，謝安認為，前秦的軍隊雖然龐大，但絕大多數都是由農民、奴隸和流民臨時拼湊起來的。

這種軍隊，真正的戰鬥力不過集中在前鋒的幾支部隊上而已。

最要命的是，前秦是一個由少數民族建立的政權，其國內衝突重重，又新吞併了前燕，還來不及消化，貿然興兵，本身就是一個會隨時自爆的炸藥桶。

第七章　大戰前後

所以，謝安認為，只要不自己嚇唬自己，不自亂陣腳，勇敢地與之對抗，勝算還是很大的。

淝水邊的戰鬥打響的時候，謝安並非在「飲酒作樂」，而是在和友人下棋。

當前方的報告書傳來，他只打開瞄了一眼，繼續下棋。

一局終了，大家急得兩眼冒煙，問他：「淮上勝負到底如何？」他輕描淡寫地答：「小兒輩已破賊矣。」大家驚喜若狂，歡呼雀躍，屋子裡沸騰一片。謝安的臉色如常，轉身回內室。但僕人發現他在抬腳過門檻時，足底屐齒被門檻折斷落地，他竟然毫無所知。

這就是謝安的強大和可怕之處：內心世界明明已經天翻地覆、暴風驟雨，卻能在人前盡掩真情，真是深不可測！

唐朝大詩人李白由衷賦詩讚云：

三川北虜亂如麻，四海南奔似永嘉。

但用東山謝安石，為君談笑靖胡沙。

淝水大戰的勝利，使謝安的聲望達到了頂點，其以總統諸軍之功，進拜太保。

謝安想進一步統一天下，上疏請求率兵北征，孝武帝詔令其都督揚、江、荊、司、豫、徐、兗、青、冀、幽、並、寧、益、雍、梁十五州軍事，持黃鉞，其餘官職照舊，設定從事中郎二人。

晉太元九年（三八四年）八月，謝安發兵北伐。

謝玄領北府兵於東面自廣陵北上，一路收復了兗州、青州、司州、豫州……整個黃河以南地區重新歸入晉朝的版圖。

但因謝安位居太保、太傅，並都督揚江荊司等十五州軍事，司馬氏和

部分朝臣對謝安產生了猜忌，擔心他會像王莽那樣篡位奪權。

謝安敏銳地感覺到了這一切，知道北伐已不可能繼續進行。

於是上疏朝廷請求估量時局停止進軍，命令自己的兒子征虜將軍謝琰解甲息兵，而留置龍驤將軍朱序據守洛陽，委任謝玄為督察，密切關注彭城、沛縣之敵，待來年漲潮再行東西夾攻。

太元十年（三八五年），謝安返回京城，當車輛入了西州門，謝安便有了一種不祥的預感，覺得自己的功業已經到了盡頭，不無遺憾地對周圍的人說：「從前桓溫執政，我常常擔心被他斬殺。忽然有一天夢見自己乘坐桓溫的車駕走了十六里地，見到一隻白色公雞，就停止不前了。此夢解開，乘坐桓溫的車駕，當是預兆將代替他執掌朝政。走十六里地，從我執政到今天剛好十六年了。白雞屬酉，如今太歲星在酉，是凶兆，我大概留在這個世上的日子沒有幾天了！」果然，不久，謝安病重不起，竟在當年八月二十二日撒手人世，時年六十六歲。

史上最大器晚成的皇帝，建國軌跡詭異離奇

慕容垂最初的名字叫慕容霸，是前燕燕王慕容皝的第五子。慕容皝共有二十子，其中第四子慕容恪和第五子慕容霸最為英雄了得。

西元三三九年，慕容皝擊高句麗，時年才十三歲的慕容霸隨軍出征，勇冠三軍，兵及新城，迫得高句麗王釗求和乞盟。

慕容霸由此遷騎都尉，跟隨四哥慕容恪擊宇文別部，凱旋後封都鄉侯。

慕容皝對慕容霸寵愛無限，寵愛程度遠超過身為世子的二子慕容儁，

第七章　大戰前後

使慕容儁深懷恨意。

因此，西元三四八年，慕容皝去世，慕容儁繼位後，就以慕容霸曾經墮馬而撞斷了門牙為由，強行要其改名為「慕容䦷」，取笑其缺門牙，後更去「夬」，而改名慕容垂。

慕容垂雖不為兄長所喜，但效命疆場，無怨無悔，且馳騁決蕩，所戰皆捷。

西元三四九年，慕容垂為前燕前鋒都督、建鋒將軍，領兩萬兵經循東路討伐後趙石虎，盡收樂安、北平兩郡。

西元三五二年，後趙立義將軍段勤聚胡、羯萬餘人保據繹幕，自稱趙帝。慕容垂率軍前去攻打，逼迫段勤與弟段思陪舉城投降。

西元三五四年四月，慕容儁稱帝，建號元璽，史稱前燕，慕容垂一度因功得封為吳王，遷鎮信都。

慕容儁也意識到慕容垂才高蓋世，開始別有用心地對慕容垂進行打壓。

不過，慕容垂還是在四哥慕容恪的援引下在對塞北（長城以北）敕勒丁零部的作戰中屢立戰功。

慕容垂一生中，最為精采的戰鬥莫過於枋頭大破東晉桓溫的北伐大軍。

慕容儁卻也因此對慕容垂大感忌憚，大行打壓之事。

慕容儁還設下毒計，讓老婆可足渾氏使人告慕容垂之妻段氏及慕容垂手下的典書令高弼為巫蠱，將兩人下獄，嚴刑拷問，目的是牽扯出慕容垂。

這段氏乃是鮮卑段氏段末籬的女兒，才高性烈，寧死不肯牽累丈夫，終死獄中。

慕容垂垂淚出鎮遼東，另娶了段氏的妹妹為繼室。

慕容儁的老婆可足渾氏為整倒慕容垂，提出了一個不可理喻的要求：要慕容垂休掉段妹妹，另娶自己的妹妹！可足渾氏滿以為這麼一來，慕容垂必會忠於愛情，拒絕要求。那時，就以蔑視皇室之罪將之問斬。

但慕容垂是何許人也？

能伸能屈，非常爽快地答應了可足渾氏的要求。

可足渾氏和丈夫慕容無話可說，悻悻然地釋下了屠刀。

就這樣，慕容垂忍辱負重地與慕容儁打太極，一直打到慕容儁病死，才長舒了口氣。

接下來，慕容垂跟隨四哥慕容恪攻打洛陽，俘殺東晉揚武將軍沈勁，隨後大略崤、澠等地，都督荊、揚、洛、徐、兗、豫、雍、益、涼、秦十州諸軍事、任征南大將軍、荊州牧，鎮魯陽，風頭無兩。

可惜，好景不長，慕容垂的保護傘——四哥慕容恪也跟著病死了。慕容恪死前曾對前燕第二任皇帝慕容暐說：「吳王慕容垂的才能在我十倍以上，先帝不過以年齡長幼的次序予以任用，我這才位居其上。現在我將長辭人世，願陛下重用吳王，親賢兼舉。」但是，慕容儁雖死，可足渾氏還在，慕容垂的危險還沒能解除。

已經成了太后的可足渾氏與太傅慕容評勾結在一起，設陰謀、玩詭計，必欲置慕容垂於死地而後安。

有人勸慕容垂先發制人，說：「只要您提前出手，剪除掉慕容評小人，就太平無事了。」

慕容垂卻以國事為重，拒絕說：「萬不可因為個人恩怨而禍亂到國家，我寧願去死，也不願做這種缺德事。」

他以打獵為由，率領家中老小離開鄴城，準備逃回東北故都龍城。

第七章　大戰前後

慕容垂雖然對慕容評仁慈，慕容評對他卻相當不義。

慕容評聽說慕容垂要逃，派遣精騎急追，一直追至范陽（今北京）。

也幸虧天色已黑，慕容垂又虛設疑兵，來了個神龍擺尾，西入投奔前秦，這才躲過追殺。

在長安，慕容垂得到了前秦皇帝苻堅的熱烈歡迎和款待。

但是苻堅的高級幕僚王猛卻看慕容垂不爽。他私下裡對苻堅說：「慕容家族世代稱雄於華夏的東方，慕容垂本人又恩結士庶，深得民心，乃是人中之傑，難以馴服，必須殺了才能免除後患。」

苻堅連連擺手說：「我正要以仁義來招攬天下英豪，以建不世之功。

人家慕容垂來投，待我至誠，如果將他殺害，我就與禽獸無異，那時，天下人會怎麼看待我？」

苻堅不聽王猛的勸說，以慕容垂為冠軍將軍，封賓都侯，食華陰五百戶。

不過，苻堅嘴上說的是一套，做的又是一套。

他看見慕容垂帶來的段妹妹貌美膚白，就不斷召入宮中，送給慕容垂一頂綠油油的大帽子。

苻堅不肯對慕容垂動粗，王猛就耍了一個陰招，他在某次酒宴上裝醉，向慕容垂索取隨身所佩的金刀觀賞，觀賞過後，沒有歸還。改日，命人持金刀假冒慕容垂的命令要慕容垂的長子慕容令發動叛亂。

慕容令見金刀如見父面，哪敢違抗？

依令而行。

王猛眼見奸計得逞，就賊喊捉賊，上表誣告慕容垂父子謀反。

慕容垂一生中所遇的凶險，以此為最，嚇得一佛昇天、二佛出世，連

夜出走藍田（今陝西省藍田縣）。

不過苻堅識破了王猛的借刀殺人之計，未予加罪。

慕容垂終於得以化險為夷。

而他的兒子慕容令卻因叛亂死於非命，誠為可惜。

王猛蛇蠍心腸，讓人不寒而慄。

王猛領軍滅掉前燕後，俘歸大批鮮卑人入長安。

前秦的太史令以星象之說勸苻堅誅殺慕容氏，苻堅以不忍濫殺無辜為由，沒有聽從。

不久，又有人造謠，說鮮卑人圖謀復國。還有人衝到明光殿前大呼：「鮮卑兒要吃人了，我們將死無葬身之地。」朝中大臣紛紛勸苻堅誅殺鮮卑人，苻堅也拒絕了。但面對這一浪高過一浪的勸殺聲，慕容垂和他的鮮卑族人惴惴不安，度日如年。

最後，終結這種提心吊膽的歲月的是一場大戰，一場名震史冊的大戰——淝水之戰。

戰前，慕容垂被臨時派遣到西線作戰。

前秦大軍崩潰後，慕容垂見機得快，全身而退，所部三萬軍隊沒損失一兵一卒。

從壽陽逃回一條小命的苻堅狼狽不堪地前來投奔慕容垂。慕容氏的宗族們人人振奮，認為這是天賜良機，紛紛建議慕容垂除掉苻堅，興復大燕。世子慕容寶的說辭非常誘人，他說：「我們家國傾覆，但人心思燕。現在秦主兵敗，又投奔到我們帳下，這是上天賜予恢復燕國的國統的有利時機，機不可失，時不再來，願父親大人不以意氣微恩而忘社稷之重。」

第七章　大戰前後

　　慕容垂搖頭長嘆道：「你說得很對。但苻王以一片赤誠之心而將自身的安全交給我，我怎能害他？

　　如果天要他亡，不用擔心他不亡。不如在危難中保護他，以報答他的恩德，慢慢地等待時機，這樣既不違背往日的心願，又能夠以道義征服天下。」弟弟慕容德大急，再勸，說：「鄰國相吞，自古就有。秦國強大的時候吞併燕國，秦國衰弱的時候燕人當然就要圖謀它，此為報仇雪恥，非為負心違願。昔日鄧國的君主不採納外甥的意見，終為楚國所滅；吳王夫差違背伍子胥的進諫，取禍勾踐。前事不忘，後事之師。願兄長不要捨棄湯、武成功的步伐，而追尋韓信失敗的足跡，趕快趁秦國土崩，替天行道，斬除這些為非作歹的氐族人，光復我大燕宗祀，建立中興之國。如若解除了這數萬兵力，將兵權交還了苻秦，那是拒絕天時而等待後害，俗話說，天與不取，反被其咎，兄長不要再猶豫了！」慕容垂垂淚說：「當年我不見容於慕容評，無處安身，逃到秦國，秦王以國士之禮待我，關切備至；後來我被王猛出賣，根本無力為自己辯白，唯獨秦王相信我，待我之禮更厚，個中恩情怎能忘卻？

　　假如說氐族人的命運必定窮盡，關西之地也不會歸我所有，自會有人取代！我現在要做的，是招納關東的民眾，光復先帝大業。君子不乘人之危，不為禍先，我暫且觀望形勢。」左右還要繼續勸說，慕容垂不願再聽，率領大軍護送苻堅回關中。到了澠池，慕容垂認為苻堅已經安全了，就以回去拜謁先帝陵廟為由，與苻堅作別，並把全部軍隊交還了苻堅。苻堅得回了大軍的兵權，主客之勢互換。大臣權翼私下勸苻堅說：「國家大軍新敗，四方皆有離散之心，正應當徵集名將，安置在京師，穩固根基，安定枝葉。慕容垂即如獵鷹，飢則依附於人，每聞風聲颯然作響，現在正當緊閉樊籠之時，豈能放縱他，聽任他為所欲為呢！」苻堅不聽，說：「你

說的話，我不能聽。如若天命要有廢興的事變發生，本來就不是靠智慧與力量所能改變的。」他不但不聽，反而加派將軍李蠻、閔亮等人帶三千兵士護送慕容垂前往鄴城。

權翼不甘放虎歸山，派刺客在黃河渡橋附近刺殺慕容垂。

慕容垂機警，提前與典軍程同交換了衣服和馬匹，輕車簡從，從涼馬臺扎草筏渡河東去，從容躲過了這一劫。

到了安陽，鎮守在鄴城的長樂公苻丕也感到慕容垂是個威脅，苦於慕容垂「反形未著」，不方便動手，只是虎視眈眈，一觸即發。

不久，丁零人翟斌在洛陽附近起兵叛秦。

苻堅打發了兩千老弱殘兵給慕容垂，要他前去平叛。

兩千老弱殘兵，怎麼與丁零人打？

這分明就是讓我去送死！忍無可忍，無須再忍。

慕容垂拔劍長嘯，悍然宣布起兵反秦。

經過連續幾年的殺伐，慕容垂成功地將關東七州收入囊中。

西元三八五年十二月，慕容垂定都中山。

西元三八六年正月，慕容垂正式稱帝，改元建興，史稱後燕。

此時的慕容垂年已六十一歲，然雄心未老，非但重建燕國，且要將燕國進一步發揚光大。

西元三八六年八月，稱帝不久的慕容垂親自率軍南下，連取在淝水之戰後被東晉光復的青、兗、徐等州郡，將勢力推進至淮北。此後，又揮劍北上，消滅河北一帶的叛軍，收復清河、渤海等地，且征服了強大的賀蘭部，一躍而成為北方第一大國。

第七章　大戰前後

西元三九二年，慕容垂六十七歲，已年近古稀，滿頭白髮。但老驥伏櫪，志在千里。他抓緊了殺伐的步伐，清除掉西燕慕容永和河南一帶的丁零翟氏，將事業推向了巔峰。

彪悍皇后，親自上陣搏殺，被俘受辱，寧死不屈

話說，苻堅不聽謀臣王猛臨終前的勸告，悍然興起大軍進攻東晉。結果，在淝水吃了敗仗。前秦大軍在淝水崩潰，前秦的境內便亂了套。

先是位居隴西的鮮卑族乞伏氏起兵造反，接著是洛陽一帶的丁零人興兵作亂。不久，舊燕故地的慕容氏起兵、關中鮮卑慕容氏發難……苻堅出奔五將山（在今岐山縣東北），落入羌人姚萇之手，慘遭殺害。

姚萇原是投到苻堅手下的降將，一直都得到苻堅照顧，但其趁關中亂起自稱萬年秦王，建立了後秦，這會兒殺了苻堅，自以為帝命天授，得意非凡。

苻堅遇難時，他的族孫苻登正在鎮守枹罕（今甘肅臨夏）的河州牧毛興手下任司馬一職。

毛興慧眼識英雄，很早就對人們說：「小司馬可坐評事。」盛稱苻登是個可成大事的人。

毛興有一個女兒，文武雙全。因為看好苻登，毛興把女兒嫁給了苻登。

毛氏和父親一樣，也認定丈夫是當世無雙的大英豪。

毛興年老得病，臨死前，對屬下官員說：「累年抗擊羌賊，事終不

> 彪悍皇后，親自上陣搏殺，被俘受辱，寧死不屈

克，何恨之深！我死之後，可把抗羌大業交付小司馬，滅姚秦者，必是此人。」把自己的軍隊交給了苻登。

當苻堅的死訊傳到枹罕，苻登便被毛氏和眾氐族部落領袖推舉為使持節、都督隴右諸軍事、撫軍大將軍及雍、河二州牧，略陽公，率領兵眾與姚萇對抗。

不久，在毛氏和眾氐族部落領袖的勸進下，苻登即皇帝位，成了前秦的君主。

毛氏遂成了皇后。

在與姚萇鏖戰的日子裡，苻軍籌不到糧食。苻登就讓將士將戰場上敵人的屍體拖回，煎烹蒸炒，名為「吃熟食」，他對士兵們說：「汝等朝戰，暮便飽肉，何憂於飢！」士兵們聽從他的話，吃死屍的肉充飢，以保持戰鬥力。

姚萇的後秦士兵知道了此事，全嚇傻了，紛紛從隴上跑下，逃入長安。

苻登率軍與駐軍於武都的姚萇展開數番惡戰，雙方你來我往，打得難分難解，戰事陷入了膠著狀態。

苻登軍中所需要填肚子的屍體一時得不到滿足，軍隊出現了飢荒，戰鬥力大減。

即使這樣，苻登還是克服種種困難，與姚萇苦苦周旋。

為了充飢，他甚至命人四處採收桑葚，以供士兵充飢。

趁著苻登軍糧荒，姚萇發兵三萬夜襲苻登集中輜重糧草的大界營。

看守大界營的正是苻登的妻子毛皇后。毛皇后臨危不懼，親自拎刀出

第七章　大戰前後

營搏戰，士兵受此激勵，拚死力戰，扭轉了受襲的被動局面，俘斬後秦七千餘人。

姚萇聞此敗訊，又驚又怒，親率大軍瘋狂反撲。

這次，無論毛皇后有多驍勇，再也經受不起敵人的連番進攻，營壘很快失陷。

饒是如此，毛皇后猶彎弓跨馬，率壯士數百人，與後秦軍交戰，殺傷甚眾。最終眾寡不敵，力盡被擒。

姚萇為毛皇后的美貌所動，欲納她為妃。

毛皇后堅拒絕從，罵道：「吾天子后，豈為賊羌所辱，何不速殺我！」姚萇還有些憐香惜玉，不忍用刑。

毛皇后又跳起來大罵道：「姚萇無道，前害天子，今辱皇后，皇天后土，寧不鑑照！」姚萇被罵得心頭火起，知不能使她就範，吩咐將她推出斬首。

毛皇后此年不過二十出頭，卻堅守大義，不求生，只求死，讓後人欽佩。

不過，也因為毛皇后被斬，前秦苻軍先挫士氣；而大界營被破，糧餉更缺，勝利的天平迅速傾向了後秦姚軍。

不久，苻登被姚萇之子姚興殺死，其子苻崇又被西秦所殺，前秦宣告滅亡。

以步制騎的大英雄篡晉建宋

劉裕出身貧寒，三十多歲才投軍，可以說是起點低、出道晚。可是劉裕天賦異稟，風骨奇特，兩臂有千鈞之力，又兼性情剛毅果敢，天生就是當兵打仗的料。剛一投軍，很快就在軍中大放異彩，受到軍界、政界的矚目。

其中，在吳郡（今江蘇蘇州）的一場戰役讓劉裕一戰成名。

那一年是東晉隆安三年（三九九年），劉裕帶領幾十人在吳郡一帶巡邏，突然遭遇上了幾千名賊寇。

面對強大的敵人，劉裕一點也不害怕，手裡揮舞著長刀，狂劈亂砍，一下子就砍翻了數名賊人。

敵人徹底怕了劉裕，一下子就跑得沒了蹤影。劉裕的敢戰之名從此傳遍天下。劉裕平滅了孫恩，剪除了環玄，又收復了蜀地，威風凜凜，英雄蓋世，中外震懾。

由羌族人建立的後秦政權曾在早年攻陷了晉朝的洛陽，吞併了淮、漢以北十幾座城池。

劉裕掌權後，派人索還這一片土地，揚言說，如若不歸還，就用刀槍代替談判。

後秦皇帝姚興本來也是一代霸主，但聽了劉裕的話，嚇得大氣也不敢喘，乖乖歸還了這十幾座城池。

後秦的大臣都埋怨姚興懦弱。

姚興解釋說：「天下善惡的標準是一樣的。劉裕乃是出身微賤的菁英，

第七章　大戰前後

匡輔晉室，我怎能捨不得數郡之地而成全他的美意呢？」

姚興的話雖然說得冠冕堂皇，但根本掩飾不住一個「怕」字。

要知道，自古以來，弱國無外交，他之所以自願放棄已經到手的土地，絕不是因為仁義，而是他沒有能力守這片土地。他要是真的仁義，當初就不會發動戰爭侵占這些城池了。

後秦皇帝姚興識時務，暫時避開了劉裕的征伐。

但劉裕要收復中原舊土的決心卻是誰也無法阻止的。

劉裕將兵鋒指向了占據山東的鮮卑慕容氏政權南燕。

他沒有騎兵，手下都是用兩條腿走路的步兵。

他帶著這些步兵殺到南燕的都城廣固，處死了南燕皇帝慕容超。

值得一提的是，在南燕滅亡前夕，後秦姚興派使者來警告劉裕：「慕容氏與我們大秦相鄰，關係友好。現在你們這樣猛烈地進攻他們，我大秦已派遣十萬精銳騎兵屯聚在洛陽。你們的部隊如果不撤，我們就會長驅而進，抄你們後路。」劉裕的回答很乾脆，對後秦的使節說：「回去告訴姚興，我原本計劃在滅掉了南燕之後，休整部隊三年，再攻取長安的；你們現在活得不耐煩了，偏要自己上門送死，請便！」姚興聽了，嚇得不敢說話，立刻做起了縮頭烏龜。但做縮頭烏龜也改變不了後秦的滅亡。為了一統天下，劉裕繼續辛苦自己的步兵往西攻打長安。劉裕還沒到長安，姚興就病死了，繼位的是他的兒子姚泓。劉裕為了節省腳力，用船隻運兵，逆黃河西上，直取長安。路上，發生了一個小插曲。北魏的拓跋氏政權看見劉裕的勢力發展迅速，當然不樂意了，就派了幾萬騎兵在黃河北岸騷擾，阻止劉裕兵船前進。

結果，劉裕在岸邊用二千七百人擺下一個卻月陣，一頓飯的工夫，就

把這幾萬名北魏騎兵全都送上了西天。

北魏皇帝拓跋嗣老實了，再也不敢招惹劉裕，和謀臣崔浩討論劉裕伐秦的前景，說：「劉裕討伐姚泓，能不能成功？」

崔浩想都不想，斬釘截鐵地回答說：「定能攻克！」

拓跋嗣問：「為什麼這麼肯定？」

崔浩說：「劉裕的勢力如日中天，誰還能和他爭鋒？」

拓跋嗣又問：「如果後燕皇帝慕容垂不死，能不能和劉裕一爭高下？」

崔浩毫不猶豫地答：「慕容垂比不上劉裕。慕容垂憑藉父兄巨大影響，興復舊業，國人要投靠他，就如夜間的昆蟲飛向火光一樣，他只要稍加利用，就能輕而易舉地建功立業。而劉裕出身微賤貧寒，沒有一尺一寸土地可以倚仗，卻消滅了桓玄，重興晉室。北擒慕容超，南梟盧循，所過之處，未逢敵手，誰能與之相比？」

事實證明，崔浩的推測一點沒錯，劉裕毫無懸念地攻下了長安，平滅了後秦。

而崔浩對劉裕的評價，也恰如其分。

史學家何去非就稱讚說：「宋武帝以英特之姿，攘袂而起，平靈寶於舊楚，定劉毅於荊豫，滅南燕於二齊，克譙縱於庸蜀，殄盧循於交廣，西執姚泓而滅後秦，蓋舉無遺策而天下懾服矣。北方之寇，獨關東之拓跋，隴北之赫連耳。方其入關，魏人雖強，不敢南指西顧以議其後。」另一個史學家王夫之也說：「永嘉以降，僅延中國生人之氣者，唯劉氏耳！」

第七章　大戰前後

因為東晉王朝少了一樣東西，致使南北朝有了孰是正統之爭

中國古代改朝換代，講究民心、講究氣數、講究正朔。歷史發展到信史時代，有文字可查的朝代更替、君主易姓，是從西周代商開始的。

西周的統治階層大力宣稱「天地革而四時成，湯武革命，順乎天而應乎人」。

指稱殷商的民心盡失、氣數盡喪，說自己取代它，是「順乎天而應乎人」。

即周家王朝已為天下正朔，周家王朝的最高統治者就是上天的兒子——天子。

就依靠這一說法，周天子從西周到東周，名正言順地當了將近八百年的天下共主。

秦滅六國，建立了帝制。

秦始皇別出心裁地令良工用藍田山美玉製成傳國玉璽。

但秦施暴政，民眾不堪其苦，很快出現了「秦失其鹿，天下共逐之」的亂局。

最終，劉邦在楚漢爭霸中勝出，執掌秦始皇的傳國玉璽。

也就是說，從這時候起，傳國玉璽成了皇權神授、正統合法的信物。

西漢末年，權臣王莽準備篡漢代新，很是費了一番腦筋，一方面，他從皇后王政君手中強奪過傳國玉璽；另一方面，模仿古代神話中禪讓的傳說，強迫孺子嬰把帝位讓給自己。

> 因為東晉王朝少了一樣東西，致使南北朝有了孰是正統之爭

　　雖然王莽很快被興復漢室的光武帝劉秀所滅，傳國玉璽也回到劉秀手中，重新成為漢朝的玉璽。但王莽「復古」建立出來的禪讓手法，卻成了後世野心家篡位的必學模式。

　　當然，篡位之前，野心家也都會先盯住傳國玉璽不放。

　　東漢末年，天下亂起。何進、袁紹等人武裝誅殺十常侍，漢少帝倉皇出逃，混亂中遺失了傳國玉璽。

　　十餘年後，十八路諸侯討伐董卓。

　　董卓抵擋不住，一把火焚燒了洛陽宮廷，倉皇西逃。

　　率先入洛陽救火的孫堅部下在洛陽城南甄宮井中意外打撈出了傳國玉璽。

　　孫堅是野心家，但比他野心更大的還有袁紹兄弟。

　　在袁紹兄弟的威逼利誘下，孫堅交出了玉璽。

　　但袁紹兄弟先後被曹操打敗，玉璽又回到了漢獻帝的手裡，復歸漢家所有。

　　其後，曹丕按照王莽當年禪讓的劇本一絲不苟地演了一遍，從漢獻帝處接過了傳國玉璽，登上帝位。

　　不久，司馬炎有樣學樣，從曹魏的曹奐手中奪過傳國玉璽，重演了一次禪讓大戲，登上帝位。

　　但是，西晉是個短命王朝，司馬炎死，八王亂起，匈奴部、前趙劉聰攻陷晉都洛陽，俘晉懷帝，收繳了玉璽。

　　所幸司馬氏餘脈未絕，衣冠南渡，在江東建立了東晉。

　　所以，玉璽雖在匈奴人之手，正朔尚在江東。

第七章　大戰前後

　　後來東晉的司馬德文禪讓給南朝宋劉裕，南朝宋劉準禪讓給南朝齊蕭道成，南朝齊蕭寶融禪讓南朝梁蕭衍，南朝梁蕭方智禪讓南朝陳陳霸先，史家認為，正朔一直在江東傳遞。不過，傳國玉璽先後在前趙劉聰、後趙石勒、冉魏冉閔，以及後來的鮮卑慕容燕等國主手中傳遞。而到了北魏分裂以後，東魏元善見禪讓給高洋，西魏元廓禪讓給宇文覺，北周宇文衍禪讓給楊堅。

　　楊堅得到了傳國玉璽，就宣稱傳國玉璽是王朝正朔的代表，既然傳國玉璽在北朝傳遞，即正朔就在北朝傳承；傳國玉璽到了自己手上，則王朝正朔就在自己這裡。

　　於是，關於南北朝誰為正統的爭議就在這裡出現了。原本，南朝的宋、齊、梁、陳是上承漢魏晉的，脈絡分明，不管有沒有傳國玉璽，明擺著正朔在南朝這邊。

　　但隋朝作為大統一王朝，其身的正統性卻是得到後世史家認可的。

　　有人因此認為，隋文帝楊堅統一中原時，不應該以正朔的身分討伐南朝陳國，而應該走後世李唐代隋的路子，從南朝陳國中襲承正統。

　　當然，這是楊堅所不屑的。

　　但不管怎麼樣，以傳統史觀論，南北朝時期，正統的王朝在南朝。

　　最後補充一下，傳國玉璽後來傳到五代後唐李從珂之手，隨著李從珂自焚而消失。

　　該玉璽有三大特徵：

　　一、據《後漢書‧徐璆傳》引衛宏註記載，秦始皇統一六國後，令良工用藍田山美玉製成玉璽，璽鈕雕如龍魚鳳鳥，正面所刻為丞相李斯以大篆書寫的「受命於天，既壽永昌」八個字。

二、秦末天下大亂，漢高帝劉邦領兵率先攻入關中，秦亡國之君子嬰將此璽獻給了劉邦。劉邦即帝位後，傳國玉璽一直存放在長樂宮內，成為皇權的象徵。西漢末年，大司馬王莽獨攬朝政，有心篡奪皇位，逼迫太后王氏交出傳國玉璽。王太后氣憤之下，將玉璽擲於地，玉璽上雕刻螭虎被崩落一角。王莽得到後，命人以黃金鑲補。

三、傳國玉璽曾經經過曹丕、石勒之手，曹丕命人在玉璽左肩部刻下隸字「大魏受漢傳國璽」，石勒則命人在玉璽右肩部加刻了「天命石氏」字樣。

說說兩晉的帝王們

晉朝上承三國，下啟南北朝，分為西晉與東晉兩個時期，其中西晉為中國古代歷史上九個大一統朝代之一。「八王之亂」暴發，胡人相侵，晉都洛陽被毀，晉室南渡，另建都建鄴，是為東晉。東晉屬於六朝之一。兩晉共傳十五帝，共享國一百五十五年。

這麼說來，晉朝在中國古代歷史上所占的比重可不小。

劉氏大漢王朝因為政變和戰亂被迫分裂成了西東兩漢，司馬氏的晉室也因為政變和戰亂被迫分裂成西東兩晉。

但西東兩晉遠不能與西東兩漢相比，其在中國歷史上的存在感極低。

尤其是西晉，雖然合併了魏蜀吳三國，一統宇內，國祚卻不長，只有五十一年，若從滅東吳的時間點算起，時間更短，僅有三十七年，焉能與西漢王朝相比？

第七章　大戰前後

　　東晉國祚稍長，有一百多年，但苦守江南半壁，風雨飄搖，外有異族強敵覬覦，內有權臣跋扈，受盡窩囊氣，國不像國，朝不像朝。

　　話說回來，兩晉的存在感雖然低，但其所出現過的十五任皇帝也都各有個性，只不過，國弱人欺，「舞榭歌臺，風流總被雨打風吹去」，不大為後人所知罷了。

　　前面說過晉武帝司馬炎和晉惠帝司馬衷的逸事，現在分析一下其他帝王的逸事，讓大家間接窺知該王朝的興盛衰亡。

　　晉惠帝死，他的弟弟司馬熾即位，是為晉懷帝。

　　司馬熾的智商比司馬衷高，但遭遇比司馬衷悲慘多了。

　　匈奴人劉淵之子劉聰的軍隊攻入洛陽，俘虜了司馬熾，史稱「永嘉奇禍」。

　　司馬熾被送往平陽，漢趙皇帝劉聰羞辱他說：「你家骨肉相殘怎麼那麼厲害？」

　　司馬熾無地自容，悲憤加討好地說：「這大概是上天的意思吧。陛下的大漢是受天命而振興的正統，我們司馬氏不敢勞煩陛下親自動手，就先把自己不符合天意的地方剷除乾淨了。

　　假如我家人人都奉行武皇大業，精誠團結，豈不會妨礙陛下取天下？」

　　司馬熾的回答雖然贏來了一時的苟且殘喘，但最終還是被劉聰用毒酒毒殺，葬處不明。

　　晉朝的第四任皇帝是晉愍帝司馬鄴。

　　西元三一三年，晉懷帝司馬熾被殺，司馬鄴在長安即帝位。

　　司馬鄴是個少年天子，即帝位時只有十七歲，面對漢趙劉曜率軍圍攻

長安城,聽說城內出現了人吃人的情況,不忍將士們遭受磨難,更擔心城陷後百姓會受屠戮之災。自己乘坐羊車,脫去上衣,口銜玉璧,讓侍從抬著棺材,出城投降。

司馬鄴被送到平陽後,默默承受各種屈辱,最終還是被劉聰殺害,同樣葬處不明。

司馬鄴被辱殺,代表著西晉滅亡;南方則因晉武帝司馬炎從子司馬睿在建康建都,進入了東晉時期。

司馬睿即為晉元帝,渡江後倚重琅琊王氏,時有「王與馬,共天下」之稱。

關於司馬睿的身世,有一段奇聞:當年司馬懿翻看讖書《玄石圖》,發現上面有四字讖語「牛繼馬後」,就異常擔心,擔心自己辛辛苦苦建立下來的功業會被姓牛的人奪去,於是,對姓牛的人特別忌恨。當然,他要殺盡天下姓牛的人是不可能的,他只把目光對準姓牛人中比較厲害的人。有一個名叫牛金的猛將,善於作戰,頗有戰功。司馬懿用毒酒毒殺了他,認為這樣一來後患已絕。誰能想到,他的孫子司馬覲娶了一個叫夏侯光姬的妃子,這個妃子,水性楊花,竟與一個牛氏小吏私通,巧的是,這個牛氏小吏的名字也叫牛金,史稱「小牛金」。不久,妃子生下了司馬睿。後人也因此戲謔地稱司馬睿為牛睿。明朝思想家李贄甚至直呼東晉為「南朝晉牛氏」。

不過,這只是傳聞,當不得真。

司馬睿對琅琊王氏倚重到了什麼程度呢?

他稱王導為「仲父」,把他比作自己的「蕭何」。

而王導也經常勸諫司馬睿克己勤儉,與人為善。

第七章　大戰前後

君臣兩人在東晉草創期上演了一場君臣相敬的佳話。

司馬睿初登帝位之日，曾盛情邀請王導一起到御座上就座，王導固辭。

司馬睿又再三邀請，王導解釋說：「若太陽下同萬物，蒼生何由仰照？」

司馬睿這才作罷。

琅琊王家後來權勢越來越龐大，除了王導擔任丞相，王敦控制著長江中游，四分之三的朝野官員都是王家的人或者與王家相關的人。

司馬睿覺察到了其中的危險，引用劉隗、刁協、戴淵等為心腹，試圖壓制王氏權勢。

這引起了王敦的不滿，其以誅劉隗為名，在武昌起兵，直撲建康。

司馬睿在憂憤中辭世。

繼位的晉明帝司馬紹可以說是晉朝最為英明神武的皇帝，《晉書》稱其「聰明有機斷，尤精物理」，能「騎驅遵養，以弱制強，潛謀獨斷，廓清大昆」。

但晉明帝享國只四年，死年只有二十七歲，誠為可惜。

晉明帝病死後，五歲的皇太子司馬衍即位，是為晉成帝。

晉明帝的皇后庾氏以皇太后身分臨朝稱制，朝中大權落在庾太后的哥哥中書令庾亮的手中。

晉成帝司馬衍自幼聰敏，有成人之量。在他六歲時，發生了蘇峻之亂，他被蘇峻囚禁，卻毫不驚慌，泰然處之，埋頭讀書，表現出帝王風度。蘇峻之亂平息後，他發現當年五馬渡江之一的南頓王司馬宗不見了，就問舅舅庾亮：「常日白頭公（司馬宗一頭白髮）何在？」

庾亮對以「謀反伏誅」。司馬衍扁著小嘴，放聲大哭，說：「舅言人作

賊，便殺之，人言舅作賊，復若何？」庾亮嚇得臉色大變，無言以答。

庾亮的弟弟庾懌曾送酒給江州刺史王允之，王允之有戒心，試著讓狗先喝了一點。那狗喝後倒斃。王允之驚懼之下，上表報告小皇帝。司馬衍覽表怒斥道：「大舅已亂天下，小舅復欲爾邪？」庾懌聞言，驚懼不已，不久自殺身亡。

可見，司馬衍絕對是個不簡單的角色。可惜他自幼就被舅家控制，又短壽，沒機會管理朝政，不能有大的作為。

咸康八年（三四二年）五月，司馬衍身體不適。六月初五，病情加重。

他雖然有兩個兒子司馬丕和司馬奕，但太過年幼，尚在襁褓之中，帝位被迫傳給了同母弟琅琊王司馬岳，是為晉康帝。

晉康帝司馬岳也是個短命皇帝，在位只有三年，二十三歲駕崩，是個龍套角色，帝位傳給了自己的兒子司馬聃，是為晉穆帝。

司馬岳雖然沒有大的政績，但是他的書法造詣很深，代表作《陸女帖》被收進宋代《淳化閣帖》。

司馬聃的在位時間遠長於其父，有十七年！但他是兩歲即位，十九歲崩，政權由褚太后主掌，由何充、蔡謨、司馬昱等人相輔，也沒有什麼政績。

但司馬聃朝的政治還算清明。

《晉書》對這一時期的評價非常高，稱：「孝宗因襁抱之姿，用母氏之化，中外無事，十有餘年。以武安之才，啟之疆場；以文王之風，被乎江漢，則孔子所謂吾無間然矣。」原先，晉成帝司馬衍身體不適，群臣打算擁戴他的兒子司馬丕繼位。

但司馬丕和弟弟司馬奕都是嗷嗷待哺的嬰兒，與帝位失之交臂。

第七章　大戰前後

而當晉穆帝司馬聃崩，且司馬聃膝下無子，在太后的主持下，帝位傳回給了司馬丕。

但這時權臣桓溫當國，晉哀帝形同傀儡，為了麻醉自己，他迷上了修煉長生術，辟穀、服丹藥，最後中毒而死，終年二十五歲，在位三年零九個月，史稱晉哀帝。

晉哀帝無子，帝位傳給了同母弟司馬奕。司馬奕也得仰桓溫鼻息，日子同樣不好過，苟且偷生了六年，終為桓溫所廢，史稱晉廢帝。桓溫所立的司馬昱輩分極高，是東晉開國皇帝晉元帝司馬睿的幼子，歷經元、明、成、康、穆、哀、廢帝七朝。

按理說，司馬昱也是見證了許多風雲起落的大人物了，見識應該不同凡響。

但司馬昱的見識是很淺薄的，他登位後，一切聽命於桓溫，惶惶不可終日。

簡文帝崩，太子司馬曜即位，是為晉孝武帝。

司馬曜小的時候，大家都懷疑他的智商有問題。

他十歲登位，改年冬天，宮女反應他白天不穿夾褲，上身只穿幾件熟絹做的單層衣衫，到了晚上卻蓋好幾層被褥，是有些不正常。

謝安勸諫說：「聖體應該有規律，陛下白天穿得太少，晚上又蓋得太多，恐怕不是養生之道。」

司馬曜大笑說：「白天走動多，用不著多穿衣；晚間靜下來，當然要蓋多一些了。」

謝安愣了一愣，讚嘆說：「陛下說理的本領不比先帝差啊。」謝安也因此死心輔佐司馬曜。

在王坦之、謝安等能臣的擁護下，司馬曜成功等到桓溫的去世。

但司馬曜並不快樂，經常喝酒，沉迷於醉鄉，清醒的時候少，外人罕得接見。

某天，天空出現長星。司馬曜認為這是凶兆，無比煩惡。

晚上，他在華林園喝酒解悶，舉杯向天說道：「長星，勸爾一杯酒！自古何時有萬歲天子？」是的，從來都不會有萬歲天子的。司馬曜寵幸張貴人，醉酒中他對張貴人開玩笑說：「妳已三十多歲了，年老了，這個年紀應該廢黜了，我只喜歡年輕美貌的少女。」張貴人聽後，妒意翻湧，殺心漸起。半夜，等司馬曜熟睡際，用被子活活將之悶殺。

可以說，司馬曜是中國古代皇帝中死得最冤枉、最窩囊、最不值的皇帝之一。

孝武帝司馬曜死，皇太子司馬德宗即位，是為晉安帝。

司馬德宗的智商低劣，不識飢飽，不知冷暖，比晉惠帝司馬衷那是有過之而無不及。

這種智商，自然不懂得去追究父親的死因。

而且，這種智商，也是最受權臣喜歡的。

桓溫之子桓玄成了新一代權臣後，一度將其廢掉，篡奪了晉室，稱帝自立。

不過，桓玄的好景不長，很快被新崛起的草根英雄劉裕擊敗。

司馬德宗因此得以復位。

劉裕堪稱兩晉南北朝三百多年內最為傑出的英雄人物，不肯屈居人下，隨著他的勢力不斷坐大，作為過渡，他先指使心腹將司馬德宗絞死，

第七章 大戰前後

另立司馬德宗的弟弟司馬德文為帝,是為晉恭帝。

等到時機成熟,劉裕開始篡位,讓黨徒傅亮草擬好禪位詔書,逼迫司馬德文謄抄。

司馬德文欣然操筆,並對左右說:「桓玄之時,晉氏已無天下,重為劉公所延,將二十載;今日之事,本所甘心。」劉宋王朝建立,晉王朝算是滅亡了,但劉裕並不肯放過司馬德文。透過禪讓改朝換代,卻又殘殺前朝君王的惡例就始自劉裕。說起來,為登上帝位,殘殺最多皇帝的人也是劉裕。劉裕為東晉猛臣、權臣時,就先後擒殺了偽楚桓玄、南燕慕容超、蜀國譙縱、後秦姚泓;等要篡位自立了,就殺了晉安帝司馬德宗。過了一年,劉裕命兵士帶毒酒去送司馬德文上西天。司馬德文是信佛的,他曾下令打造了一個高一丈六寸的黃金佛像,並親身到瓦官寺迎其上位。

因此,他是相信有西天的,於是他拒絕說:「佛教教義中說,人凡自殺,轉世就不能再投人胎了。」兵士只好挾他上床,用被子矇住他臉面,用力把他扼死。

劉裕在有生之年,一共殺了六位皇帝,創歷史之最。

李世民積極參與修撰《晉書》,其中的原因您想不到

提起唐太宗李世民參與修撰史書,很多人想到的是他三番四次向史官提出要觀看初唐起居注的記錄情況、從而干預史官編修國史的醜事。的確,骨肉相殘的玄武門事件使李世民背上了無比沉重的道德包袱,使他終

其一生也未能擺脫該事件留下的心理陰影。

但本文說的卻不是這個，而是二十四史之一的晉書。

所謂二十四史，即中國古代各朝撰寫的、被歷朝歷代納為正統的二十四部史書的總稱，又稱「正史」。

「正史」之名，始見於《隋書·經籍志》：「世有著述，皆擬班、馬，以為正史。」清代乾隆皇帝欽定「二十四史」，「正史」一稱即專指「二十四史」。

按《四庫全書》的規定，正史類「凡未經宸斷者，則悉不濫登。蓋正史體尊，義與經配，非懸諸令典，莫敢私增」，即未經皇帝批准，不得列入正史。

二十四史是中國文化遺產寶庫中的一份珍貴的歷史文獻，它的規模巨大，卷帙浩繁，計三千二百一十三卷，約四千萬字，編寫始自西元前二世紀，即西漢武帝劉徹時代，到清朝乾隆時代為止，整個編寫過程長達一千九百多年，用統一的體裁，比較系統、完整地記錄了明亡以前有文字可考的幾千年的歷史，在世界上是極其罕見的。

這二十四史中的「前四史」即《史記》、《漢書》、《後漢書》、《三國志》屬於私修史書，書的作者是誰，那是清清楚楚。

可是，後面的大多數官修史書都是由宰臣監修，書成之後，由他領銜呈送給皇帝過目，因此，他就儼然成了這部書的作者。

實際上，這些人中，有的根本就沒為自己所監修的書寫過一字一語，比如說後晉的劉昫、元朝的脫脫等，但他們是宰臣，就分別成了他們所監修的《舊唐書》、《宋史》、《遼史》、《金史》的主編。當然，像劉昫、脫脫這類人還是屬於少數，大多數監修者在修史過程中都有參與撰寫的。

第七章　大戰前後

比如說《隋書》的監修人魏徵，就在《隋書》中撰寫了大量史論，這些史論，在書中都標有「魏徵曰」的字樣，歷歷可考。

其實，除了《隋書》，其餘的《晉書》、《梁書》、《陳書》《北齊書》、《周書》也都是在唐太宗李世民時代修成的（此六部官修史書和《南史》、《北史》兩部私修史書合稱「唐初八史」），這六部史書的監修人都參與了撰寫。

令人驚詫的是，唐太宗李世民還參與了《晉書》的修撰！舊版的《晉書》都會特別題為「唐太宗文皇帝御撰」。

這也使得《晉書》在同類史書中的地位高出了若干倍。

《晉書》記載的歷史上起三國司馬懿時期，下至東晉恭帝元熙二年（四二〇年）劉裕廢晉帝自立。參與編寫的有二十多人，其中房玄齡、褚遂良、許敬宗三人為監修，執筆者有令狐德棻、敬播、來濟、陸元仕、劉子翼、盧承基、李淳風、李義府、薛元超、上官儀、崔行功、辛丘馭、劉胤之、楊仁卿、李延壽、張文恭、李安期、李懷儼等。

之所以會題上「唐太宗文皇帝御撰」，是因為書修成之後，房玄齡領銜呈送給李世民過目，李世民逐篇閱讀，感觸良多，分別為宣帝（司馬懿）、武帝（司馬炎）二紀及陸機、王羲之兩傳寫了四篇史論。

所以，《晉書》便題為「御撰」，意思是說皇帝也參與了修撰。這裡有一個問題，《晉書》、《梁書》、《陳書》、《北齊書》、《周書》、《隋書》都是李世民統治時代所修的前代史書，為什麼李世民獨獨選擇《晉書》來寫史論呢？

這主要因為西晉是個統一的王朝，它結束了三國時期幾十年的分裂局面。然而它的統一又是短暫的，不久就發生了中原地區的大混戰，此後便

> 李世民積極參與修撰《晉書》，其中的原因您想不到

形成了東晉和十六國、南朝和北朝的長期對立。李世民身為統一的唐朝的創業之君，當然會對晉朝的治亂興亡進行探索，以為借鑑。所以，他把西晉王朝的奠基人司馬懿和完成統一事業的司馬炎當作主要研究對象，對宣帝（司馬懿）、武帝（司馬炎）二紀寫了專門的史論指出司馬炎「居治而忘危」、「不知處廣以思狹」、「以新集易動之基，而無久安難拔之慮」。

在這一點上，不難看出，李世民所以能成為千古一帝，那是有原因的。

第七章　大戰前後

第八章
考古釋疑

第八章　考古釋疑

晉朝高僧法顯 —— 玄奘的偶像

拜吳承恩的神魔小說《西遊記》所賜，唐朝高僧玄奘成了個婦孺皆知的名人。

不過，很多人對唐朝高僧玄奘的了解，也只停留在去西天取經，擁有孫悟空、豬八戒、沙和尚三個徒弟的層面上，甚至可能還不知唐僧玄奘姓甚名誰。

所以特此在這裡簡略介紹一下。玄奘是東漢名臣陳寔的後代，曾祖父陳欽，曾任北魏上黨太守；祖父陳康，為北齊國子博士，食邑周南（今河南洛陽）；父親陳惠，做過隋朝的縣官 —— 玄奘出生於隋朝仁壽二年（六〇二年），注意，他的母親可不是《西遊記》裡面說的唐朝開國功臣殷開山的女兒殷小姐，當然，小名江流兒也是《西遊記》瞎編的。

玄奘本名陳禕，隋大業八年（六一二年），在東都洛陽淨土寺出家，法名就叫玄奘，當時年僅十歲。

玄奘聰明伶俐，悟性極高，先是跟景法學《涅槃經》，後從嚴法學《攝大乘論》，精通佛教的經、律、論三藏，故獲名號三藏法師。

三藏法師在佛學世界裡敬佛、敬如來；在現實人生中獨敬法顯大師。

法顯大師是晉朝高僧，是中國第一個越過蔥嶺，從天竺取回大量梵本佛經的人。

玄奘能夠擁有不平凡的一生，就是去天竺取經；而他去天竺取經，卻是受法顯事蹟的啟發、激勵和鼓舞。

在《大慈恩寺三藏法師傳》一書中，玄奘坦承：「昔法顯、智嚴亦一時之士，皆能求法，導利群生，豈使高跡無追，清風絕後？大丈夫會當繼

之!」即玄奘發願西行,就是要繼承法顯的足跡、效法法顯的行為。

玄奘的一生是偉大的,但透過玄奘的自述,我們應該知道,法顯的一生更偉大!唐代另一個高僧義淨,也是繼玄奘之後的偉大西行者,他是這樣比較法顯與玄奘的成就的:「觀夫自古神州之地,輕生殉法之賓,顯法師則創闢荒途,玄奘師及中開王路。」即法顯是西行求法的開創者;玄奘是西行求法的發揚者。

一個開創,一個發揚,哪個更高,一目了然。

另外,玄奘是在二十六歲的青春年華邁開西行腳步的,而法顯西行之年,已經六十有五。

玄奘西行經歷無疑是艱辛險惡的,但法顯之行,在艱辛險惡之上,又多出幾分精采。

下面,我們來說說法顯西行的故事。

法顯出生於東晉咸和九年(三三四年),并州上黨郡襄垣縣(當時屬於後趙)人,本姓龔,沒有俗家名字——他的佛緣比玄奘還深,三歲時就被父母度為沙彌,送到了寶峰寺當了小和尚,送的時候,連名字都沒想好。

就因為三歲投身佛門,法顯對佛教信仰之心非常虔誠,修行極為嚴謹,有「志行明敏,儀軌整肅」之稱譽。

隨著對佛法修學的深入,法顯越來越迫切地感到,國內擁有的佛經已趕不上佛教發展的需求,而且,許多律藏殘缺,使佛教已偏離正道,在往一條歪路發展了。

法顯於是立志要往西方求取新經。

到東晉隆安三年(三九九年),已經六十五歲的法顯深感時不我待,去日無多,毅然決然地與慧景、道整、慧應、慧嵬四位師弟一起,從長安

第八章　考古釋疑

出發，向西前行，開始了艱苦卓絕的長途跋涉。

在張掖（今甘肅張掖），他們遇到上智嚴、慧簡、僧紹、寶雲、僧景、慧達六人。

這六人，都是志同道合者，於是結伴繼續西行。

過了敦煌（今甘肅敦煌），出了陽關，就是讓人聞風喪膽的沙河（即白龍堆大沙漠）了。

沙河氣候乾燥，酷熱難當，當大股熱風流沙撲來，行人常常被活埋喪命，即使小股熱風流沙襲擊，也可灼傷肌膚。

法顯後來在他的《佛國記》中記錄這一段，猶自心驚，稱：「上無飛鳥，下無走獸，遍望極目，欲求度處，則莫知所擬，唯以死人枯骨為標幟耳。」不過，心中有大愛，他們無懼無畏，抱著朝聖取經的神聖使命，勇往直前，甩開兩條腿，咬緊牙關，走了十七個晝夜，行程一千五百里，硬是闖出了這片充滿著死亡氣息的大沙漠，進入了西域諸國中的鄯善國（今新疆若羌），而後又進入了焉夷國（今新疆焉耆）。

焉夷國國民信奉的是佛教中的小乘教，視法顯一行的大乘教為異端邪說，很不友好。

法顯等人在焉夷國受盡白眼，忍飢受寒，非常狼狽。智嚴、慧簡、慧嵬三人實在受不了，聲稱要往高昌（今新疆吐魯番）籌措行資，脫離了隊伍；僧紹則是受了一個西域僧人的蠱惑，改變了信仰，轉投入小乘教，跟該僧人去了罽賓（今喀什米爾）。

剩下法顯等七人，互相對望了望，苦笑了笑，抬頭看天，繼續鼓起勇氣，一路向西，準備橫穿塔克拉瑪干沙漠。

如果說前面的沙河是人間地獄，那麼，這個塔克拉瑪干沙漠就是人間

煉獄。

　　熱風、流沙、缺水、乾旱……樣樣苦難不比沙河少，因為其沙漠面積太大，無任何植被，造成晝夜溫差極大──白天太陽高掛的時候，高溫酷暑，如同火燒油煎；而到晚上太陽西沉，又如極地冰冷，感覺身上的血都要凍僵。

　　法顯後來心有餘悸地說：「行路中無居民，沙行艱難，所經之苦，人理莫比。」

　　在沙漠中兜兜轉轉，一共行走了一個月零五天，才走出這片讓人絕望的死亡之地。

　　法顯七人回首那一望無垠的茫茫黃沙，淚流滿面，稽首號佛，連連高呼：「南無阿彌陀佛！南無阿彌陀佛！南無阿彌陀佛！」他們在西域佛教大中心於闐國（今新疆和田）觀看了佛教行像儀式，停留了三個月，養足精神，積蓄能量。臨行前，再吃得肚子圓圓的，然後邁步前進，穿過子合國，翻過蔥嶺，渡過新頭河，到達那竭國。

　　在那竭國，慧景患上了重病。

　　莫可奈何，慧達、道整負責留下來照顧他，法顯則和慧應、寶雲、僧景繼續上路。

　　法顯四人經過宿呵多國、犍陀衛國，到達了弗樓沙國（今巴基斯坦白沙瓦）。

　　弗樓沙國是北天竺的佛教中心。

　　寶雲和僧景到了這裡，已經很滿足了，認為這就是目的地了，不再願意西行了。他們在這裡參訪了佛跡以後，求取了一些經卷，興沖沖地打道回國了。

第八章　考古釋疑

慧應倒是願意陪法顯繼續西行,但他的陽壽已盡,大限已到,在這裡的佛缽寺病逝了。

無奈之下,法顯料理了慧應的後事,獨自返回那竭國,與道整等人會合。找到道整後才得知,慧達已經一個人去了弗樓沙國,而慧景的病也已經好了。

於是,法顯與慧景、道整三人重整旗鼓,一起南度小雪山(今阿富汗蘇納曼山)。

小雪山常年積雪,奇寒無比。

三人爬到山的北陰,大病初癒的慧景體質虛弱,經受不起寒流的襲擊,被活生生地凍死了。

法顯撫屍痛哭,說:「大願未了,你卻中途而逝,奈何奈何!」就這樣,取經隊伍由出發時的十一人變成了兩人。

這兩人互相扶持、相依為命,連爬帶滾地翻過了小雪山,到達羅夷國。

然後,一起沐風櫛雨,走過跋那國、新頭河、達毗荼國、摩頭羅國、蒲那河,進入了中天竺境。

他們盡情地周遊中天竺,從春到夏,從秋到冬,許多佛教故跡都出現了他們成雙成對的身影。

晉元興三年(四○四年),這對身影遊到了憍薩羅國舍衛城的祇洹精舍。

傳說,這是釋迦牟尼傳法時間最長的寶地,因此,也被奉為佛教的發祥地。

法顯與道整就像初入大觀園的劉姥姥,驚奇地打量這裡的一切。這裡的僧人聽說他們是來自萬里之外的東土,不由得嘴唇哆嗦,頂禮膜拜,視

為聖僧下凡。法顯兩人還到釋迦牟尼的出生地迦毗羅衛美美地遊覽了一番，可惜當時沒有手機，不能拍照片，也不能發 IG。法顯能做的，就是把此行的見聞如實記錄在自己的大作《佛國記》中，希望全世界的人都能讀到。

晉義熙元年（四〇五年），兩人到達了佛教最為興盛的摩竭提國巴連弗邑。

法顯認為，此地僧人的梵語最為純正，建議住下來，用心向他們學習梵書梵語，抄寫經律。

道整舉雙手同意。

他們在這裡一住就是三年。

法顯收集到了《薩婆多部鈔律》、《雜阿毘曇心》、《方等般泥洹經》等佛教經典。

道整雖然什麼也沒收集到，但他已深深地愛上了這裡，決定以這裡為自己的最後歸宿，正式向法顯告別。

法顯的願望是要將西天戒律帶回中國，兩人道不同不相為謀，法顯揮手道別，瀟灑轉身，像電影《大話西遊》裡的至尊寶一樣，一個人邁開大步繼續前行。

法顯孤零零的一個人東遊西蕩，他遊遍了南天竺和東天竺，又在恆河三角洲的多摩梨帝國（今印度泰姆魯克）寫經畫佛像，逗留了兩年。

東晉義熙五年（四〇九年）年底，法顯戀戀不捨地離開多摩梨，搭乘商舶，渡過孟加拉灣，到達了獅子國（今斯里蘭卡）。

在獅子國住在王城的無畏山精舍，法顯大有斬獲——他求得了《彌沙塞律》、《長阿含》、《雜阿含》、及《雜藏》四部經典。

第八章　考古釋疑

　　細細看起來，法顯已經在異城飄蕩了十二年了。

　　但是，還不能就此而回，因為，還有北天竺在等著自己去遊蕩呢。法顯遊北天竺所到的第一個國家是陀歷，相當於今喀什米爾西北部的達麗爾；接著到了烏萇國，其故址在今巴基斯坦北部斯瓦脫河流域；再到宿呵多國，相當於今斯瓦脫河兩岸地區。

　　宿呵多國內有一個地方，傳說是如來佛割肉貿鴿處，信徒起有高塔紀念。

　　法顯在那兒盤桓了好些天。

　　法顯就像一條在水裡游來游去的魚，游過了犍陀羅國（故地在今斯瓦脫河注入喀布林河附近地帶），再游過了竺剎屍羅國（今巴基斯坦北部拉瓦爾品第西北的沙漠臺裡地區）……總算是結束了印度之行。

　　東晉義熙七年（四一一年）八月，法顯搭乘商人的大舶，循海東歸，在大海中飽經風暴，九死一生，終於在東晉義熙八年（四一二年）七月十四日踏上了青州長廣郡（今山東省青島市即墨區）的土地。

　　青州長廣郡太守李嶷聽說法顯從海外取經歸來，立即親自趕到海邊迎接。

　　法顯六十五歲出遊，前後共走了三十餘國，歷經十三年，回中國時已經七十八歲了。

　　在山東半島登陸後，法顯旋即經彭城、京口（今江蘇省鎮江市），抵達建康。

　　不用說，法顯的最大功績就是取經和翻譯。他攜歸佛經和翻譯佛經有多種，這裡就不一一贅述。

　　而實際上，他所寫的《佛國記》對於世界的影響卻遠遠超過了他的翻

譯對於中國的影響，現在世界上有多種外文譯本。

　　印度古代缺少真正的史籍，印度人要研究古代歷史，必須乞求中國古代典籍，其中比如法顯的《佛國記》、玄奘的《大唐西域記》和義淨的《大唐西域求法高僧傳》、《南海寄歸內法傳》等。但《佛國記》的分量最重。

　　印度的史學家坦承：「如果沒有法顯、玄奘和馬歡的著作，重建印度歷史是不可能的。」法顯回國後，先在建康道場寺住了五年，後又轉到荊州（今湖北江陵）辛寺，元熙二年（四二○年）圓寂於此，時年八十六歲。

「仰天長嘯」是朝天吹口哨？

　　嘯，是一種似歌非歌、似唱非唱、似吟非吟的喉音藝術，始於商末，盛於魏晉，衰於宋末，現在已經失傳了。

　　清人張潮在《幽夢影》一書中不無遺憾地說：「古之不傳於今者，嘯也。」對於已經失傳了的東西，今人若試圖去還原，必然頗費一番思量。

　　比如說，嘯是一種什麼樣的動作，就讓人摸不著頭緒。

　　既然摸不著頭緒，就先查查字典吧。

　　《辭源》對「嘯」的解釋是：「撮口出聲。」《辭海》的解釋更為具體和形象：「撮口發出長而清越的聲音。」按照這種解釋，嘯竟然就是吹口哨！可不是？

　　字典中對吹口哨解釋就是：「撮口吹氣發聲有如哨音。」不過，《辭源》、《辭海》、《漢語大詞典》都是近代人的辭典，這樣的解釋不一定可靠。

第八章　考古釋疑

　　幸好，東漢許慎著的《說文解字》專科門為嘯做了注釋：「嘯，吹聲也。」有了這麼一條，嘯等於吹口哨的結論，似乎就可以坐實了。

　　一九六〇年四月，南京博物院的考古工作者發掘太崗寺新石器時代遺址，在南京西善橋宮山北麓發現了一座南朝帝王陵墓，墓室磚印壁畫上有著名的「竹林七賢」及榮啟期畫像。

　　壁畫上的阮籍，頭戴幘，赤足，側身而坐，足前有酒壺，左手支皮褥，右手置膝上，右手拇指和小指張開，其餘三指屈，拇指伸在唇邊，似吮指品酒，又似今人以指做呼哨狀。

　　阮籍是歷史上著名的長嘯大師。《晉書‧阮籍傳》記籍「嗜酒能嘯」，《世說新語》記「阮步兵嘯聞數百步……韻響寥亮」。

　　可以說，嘯，是阮籍代表性的東西。現在，阮籍老家河南陳留尉氏人還建有「嘯臺」來專門紀念他。

　　所以，專家一致認為，阮籍非吮指品酒，而是在嘯歌，即以指做呼哨就是嘯歌。

　　這更進一步說明了嘯等於吹口哨。

　　日本學者林謙三考證說：「嘯是利用口唇，也就是大家普遍知道的口中捲起舌尖，含住一指或二指而發為高聲的技術。此時可以認為口腔與唇，合舌、唇、指而構成了一種笛。在大眾歡呼、喧嚷的環境中，最容易發生效果。」於是，相當長一段時間，不辨真相的人就按嘯等於吹口哨來理解古人的嘯。

　　有人還以《詩經》記載的「子之歸，不過我，其歌也嘯」為例，說歌曲可以用嘯的形式來完成，可不就是用口哨來吹奏歌曲嗎？

　　其實，《詩經》裡多次提到嘯，但嘯者多是女性，發嘯聲多因心懷幽

怨。《小雅・白華》中就有「嘯歌傷懷，念彼碩人」之語。

在其他記載中也常有提到婦女發嘯聲，如《古今注・音樂篇》中就說商陵穆子婚後五年無子，將別娶，妻聞之，中夜起，倚戶而悲嘯。

由此可見，嘯通常是用來消除心中不平氣的舉動。

阮籍在〈詠懷〉中就有說：「清風肅肅，修夜漫漫。嘯歌傷懷，獨寐寤言。臨觴拊膺，對食忘餐。世無萱草，令我哀嘆。」

可見，嘯歌因為傷懷而哀嘆。

然而，現代人吹口哨，卻是多在心情愉悅的時候發出歡快之聲。

難道，古代和現代，同為吹口哨，卻如此大異其趣？

更難以想像的是，悲情英雄岳飛作：「抬望眼，仰天長嘯，壯懷激烈。」以「仰天長嘯」的方式來消除心中不平氣是可以理解的，但要說成是向天吹口哨，這畫面感是不是太滑稽了點？

由此可見，嘯絕不應該單純理解為吹口哨。

前文提到的「嘯臺」，傳說是阮籍和孫登切磋嘯術的地方。

阮籍的嘯，《世說新語・棲逸》記，可以「聲聞數百步」。

孫登的嘯能「動地」，氣勢宏大。

《嘯旨・動地章第十》稱：「動地者，出於孫公，其音師曠清徵也，其聲廣博宏壯……呵叱而令山岳俱舉。」

《晉書・阮籍傳》記載，阮籍去拜訪蘇門山上隱居的孫登，談古論今，三皇五代至夏商周的事說了一遍，孫登仰著頭，一言不發。

阮籍改說儒家的道德主張、道家養生方法，孫登還是不發一言。

阮藉口乾舌燥，長嘯一聲，準備離去。

第八章　考古釋疑

　　孫登說話了：「不妨再嘯一聲。」阮籍再嘯，清韻響亮。

　　但孫登又不理睬了。

　　阮籍無奈下山，行至半山腰，忽聽山上眾音齊鳴，宛如數部樂器在合奏，林谷傳響。

　　回頭看時，卻是孫登在山頂發聲長嘯。

　　看看，如果是單純吹口哨，沒有聲帶的震動，聲音微弱，缺乏穿透力，傳播的距離和傳播的範圍有限，哪能弄出這麼大的動靜？

　　西晉并州刺史劉琨被匈奴人劉淵圍困於晉陽，窘迫無計，於月上中天之夜登城樓，愴然清嘯。

　　匈奴兵聽了，全部悽然長嘆。

　　劉琨復又吹奏胡笳，匈奴兵思鄉之情頓生，一夜之間，撤得乾乾淨淨。

　　唐代有囚犯當受斬刑，在審判定罪之時，發聲長嘯，嘯聲上徹雲漢。

　　太守覺得他是個人才，赦免了他的罪過。古人形容嘯聲，如龍吟大澤，如虎嘯深山，如鳳鳴朝陽，如雁叫霜天，如鶴唳晴空，如蟬唱高枝，如萬馬奔騰，如廣漠長風，如驚雷激越……這，不可能是吹口哨可以達到的效果。

　　西晉成公綏作有〈嘯賦〉，記載嘯的發聲是「觸類感物，因歌隨吟」、「音韻不恆，曲無定制」，其嘯音是「飄遊雲於泰清，集長風乎萬里」、「情既思而能反，心雖哀而不傷」、「玄妙足以通神悟靈，精微足以窮幽測深」。

　　我們知道，口哨發出的聲音比較單薄，製造不出這樣宏大的氣勢，也難以表達出大悲的意緒和巨痛的情懷。

　　還有，《晉書‧阮籍傳》記載，「阮籍遭母喪，楷弱冠往弔，籍乃離喪

位，神志晏然，至乃縱情嘯詠，旁若無人」。嵇康在〈贈秀才入軍五首〉中說「感悟馳情，思我所欽。心之憂矣，永嘯長吟」。陶淵明〈歸去來兮辭〉中稱「登東皋以舒嘯，臨清流而賦詩」。

可見，嘯是可以和吟詩、詠詩、讀詩結合在一起的，是為吟嘯或嘯詠也。吹口哨是沒有這個功能的。

另外，中古時期的漢譯佛經，如《大薩遮尼乾子所說經》卷第二說「復有無量百千諸眾，或歌，或舞，吹唇、唱、嘯，作百千萬種種伎樂」，《四分律》卷第十二說「或笑，或舞，或鼓唇、彈鼓簧，或嘯」，從這些文獻可見，「吹唇」、「鼓唇」（即吹口哨）與「嘯」是並列關係，也就是說，吹口哨與長嘯是截然不同的藝術品種。

長嘯既不是吹口哨，有人就將之理解為大聲呼喊，一如電影中猿人泰山驅趕百獸時發出的喊聲。單純的呼喊，談不上什麼音樂性，這又豈是追求風骨、追求談吐的魏晉名士引以為豪、引以為傲的東西？

清王士禎在《池北偶談》裡曾萬分豔羨地說，自己有族叔，美如冠玉，性聰悟，「尤能曼聲長嘯，響震林木。崇禎壬午年死於兵」。字裡行間，充滿惋惜。誠然，一個擅長幾近失傳的音樂發聲方法的人死去，的確讓人惋惜；若是只如猿人泰山一樣嘴裡發出轟轟哈嘻之類呼聲的，何惋惜之有？

《世說新語》中說，劉道真少時善歌嘯，聞者流連。

嘯聲如歌，能令人沉醉。

但嘯聲又不是普通的歌唱。〈嘯旨〉中說：夫氣激於喉中而濁，謂之言；激於舌而清，謂之嘯。

嘯到底是怎樣的一種音樂藝術，眾說紛紜，但絕不是輕佻地吹口哨！

第八章　考古釋疑

> 嵇康死前悲嘆〈廣陵散〉成絕響，
> 為何〈廣陵散〉現在仍在世間流傳？

　　嵇康與阮籍、向秀、山濤、劉伶、阮咸、王戎號稱「竹林七賢」。這七人之中，嵇康風度最為出彩，為一世之標。

　　《世說新語・容止》對嵇康的描述是：「身長七尺八寸，風姿特秀。」《晉書・嵇康傳》的評語則是「龍章鳳姿，天質自然」，還描寫「康嘗採藥遊山澤……時有樵蘇者遇之，咸謂為神」。

　　一句話，嵇康氣度翩翩，豐神秀朗，飄然宛若畫中仙人。

　　南京西善橋南朝墓出土有模製嵇康畫像磚，畫像中的嵇康席坐撫琴，氣宇軒昂。

　　嵇康一代奇才，「學不師受，博覽無不該通」，極富音樂天賦，精於笛，尤妙於琴，其創作的〈長清〉、〈短清〉、〈長側〉、〈短側〉四首琴曲，被稱為嵇氏四弄，與蔡邕創作的蔡氏五弄合稱九弄。隋煬帝曾把彈奏〈九弄〉作為取士的條件之一，足見成就之高。

　　在生命終結前一刻，嵇康最牽掛不捨的還是自己的琴，他端在高高的刑臺上，面對成千上萬前來送行的人，「神氣不變」，從容奏響最後的〈廣陵散〉，琴聲錚錚，曲調悅耳，鋪天蓋地，直擊人心。

　　他所彈的琴，是他的一生至愛。為了買到這張琴，他賣去了東陽舊業，並專門向尚書令討了一塊河輪佩玉，截成薄片鑲嵌在琴面上當琴徽。還用玉簾巾單縮絲製成琴囊，藏匿若珍，祕不示人。

　　在他的心裡，這張琴萬金不換。曾經好友山濤想乘醉剖琴，嵇康立即以生命相脅。這次，在刑臺上，已是最後一次彈奏這張琴，最後一次彈奏

> 嵇康死前悲嘆〈廣陵散〉成絕響，為何〈廣陵散〉現在仍在世間流傳？

〈廣陵散〉。

曲終，嵇康慨然長嘆：「袁孝尼嘗請學此散，吾靳固不與，〈廣陵散〉於今絕矣！」嵇康之死，「海內之士，莫不痛之」。

從此，嵇康的名字就與〈廣陵散〉連繫在一起，密不可分。

但是，嵇康所慨嘆的「〈廣陵散〉於今絕矣」，並不是說〈廣陵散〉的曲譜已經絕傳，而是嘆息由自己彈奏〈廣陵散〉的技法沒能傳承。

那麼，〈廣陵散〉的來由是怎麼樣的呢？

嵇康是怎麼學會它的呢？

有三個流傳極廣的說法。

其一，據《晉書》記載：嵇康嘗遊會稽，宿華陽亭，引琴而彈。忽客至，自稱古人，與談音律，辭致清辨，索琴而彈曰：「此〈廣陵散〉也。」聲調絕倫，遂授於康，誓不傳人，不言姓而去。

其二，陝西潼關隋朝皇家大墓中出土文物葛洪遺書中有一篇〈嵇中散孤館遇神〉，其說法為：嵇康精於笛，妙於琴，善音律，好仙神。嘗遊天臺，遇谷中女巫。神巫曰：「見先生愛琴，吾另有〈廣陵散〉相贈。此乃天籟之音，曲中丈夫也，不可輕傳。」康問：「何人所為？」

對曰：「廣陵子是也。昔與聶政山中習琴，形同骨肉也。」康恍然大悟，恭請神女賜之，習至天明方散。

其三，《太平廣記》三百十七引〈靈鬼志〉記：嵇康燈下彈琴，邀前代樂鬼共論音聲之趣，彈〈廣陵散〉，從受之。

不難看出，這三則傳說都有一個共同點，即〈廣陵散〉不是凡人所譜寫出的作品，而是來自鬼神，亦即是說此曲只應天上有。

傳說總是很酷的，但現實卻很殘酷，也很平庸。

第八章　考古釋疑

據劉籍《琴議》記載，嵇康其實是從杜夔的兒子杜猛那裡學得〈廣陵散〉的。嵇康喜愛此曲，經常彈奏，卻無論誰提出求教，均拒絕傳授，包括他在刑前提到的袁孝尼。

袁孝尼是他的外甥，傳說袁孝尼向他求學此曲不得，便暗暗地偷學，並記下了曲譜，使之得以流傳。

此說不當，〈廣陵散〉又叫〈廣陵止息〉，萌芽於秦、漢時期，其名稱記載最早見於漢代應璩〈與劉孔才書〉「聽廣陵之清散」。有學者和民俗學家考證過，〈廣陵散〉不僅可彈奏於琴，還可以用箏、笙、築等樂器演奏，流傳很廣，並非袁孝尼偷學心記才能得到。

晚於嵇康的潘岳在〈笙賦〉中還曾提道：「輟〈張女〉之哀彈，流〈廣陵〉之名散。」當知嵇康死後，該曲仍在民間流傳。

不過，到了唐代，李良輔收錄的〈廣陵止息譜〉只有二十三段；同一時代人呂渭收錄的〈廣陵止息譜〉則有三十六段。

宋代郭茂倩編《樂府詩集》時把它歸為楚調曲。

現在見到的古本最早收在明人朱權的《神奇祕譜》裡，全曲共四十五段：開指一段、小序三段、大序五段、正聲十八段、亂聲十段、後序八段，是現今用於演奏的本子。

另外，明代汪芝在《西麓堂琴統》中還收有兩個本子，稱甲、乙本。

〈廣陵散〉早期並無內容記載，唐韓皋主張「地名說」，認為描寫的是王凌在廣陵（揚州古稱）起兵討伐司馬氏，結果失敗的悲壯史事。元代張崇主張「刺客說」，認為是描寫刺客聶政的。

蔡邕所著的《琴操》中雖然沒有「廣陵散」字樣，但卻有〈聶政刺韓王曲〉的詳細解析，說戰國人聶政的父親為韓王鑄劍，誤期被殺，聶政為報

殺父之仇,「去入太山,遇仙人,學鼓琴,漆身為厲,吞炭變其音,七年而琴成」,化裝為琴師,借為韓王奏琴之機刺死韓王,隨後壯烈自殺。

現在多數琴家也按照聶政刺韓王的民間傳說來解釋〈廣陵散〉,認為它與古琴曲〈聶政刺韓王曲〉是同曲異名。

最後補一筆,今人能欣賞得到〈廣陵散〉,最關鍵的人物就是上文提到的明朝人朱權。

這個朱權可不是普通人,乃是明太祖朱元璋第十七子,一生充滿傳奇:少年封藩,戎馬十年;中年韜晦,寓身學術;晚年學道,託志眾舉。以道養生,以道治心。

朱權早年封寧王,帶有甲兵八萬、戰車六千,藩地為大寧,地處喜峰口外,屬古會州之地,東連遼左,西接宣府。朱權多次會合諸王出塞作戰,以善於謀略著稱。

燕王朱棣篡位後,朱權隱道自保,醉心於編纂古琴譜集。〈廣陵散〉就收集在其代表作《神奇祕譜》上卷〈太古神品〉之中,並附有詳盡的題解,對琴曲的淵源演變情況和樂曲的表現內容都做了介紹,並詳細標識了段落、指法、音位等。

潘安古屍容貌復原了嗎?專家說是,卻疑點重重

如果做一項民意測試:中國古往今來最帥的美男子是誰?

得票數最多的估計是潘安。雖然投票的大家都沒見過潘安本人,但自西晉以來,文人墨客對潘安容貌的讚美猶如滔滔江水,連綿不絕,則潘安

第八章　考古釋疑

之美，已成定論。

潘安既然這麼美，那又美到了什麼程度？

大家只看文學作品的渲染，靠腦子充分發揮想像。

在這想像過程中，我擔保，幾乎每一個人都產生某種窺探欲，恨不得穿越上一千七百年，回到西晉的洛陽街頭，一次把潘安看個夠。穿越時空雖然不現實，但隨著科技發達，考古裝備的日益完善，現代人要看到潘安的容貌，似乎也不是不可能的事。畢竟，現在的古屍容貌復原技術已經相當成熟和先進了。這不？

網路上曾經瘋傳起一張潘安古屍容貌復原圖。可真不用說，圖片上的男子雙眉帶彩，雙目有神，鼻秀高挺，嘴角帶笑，稜角分明，英氣逼人，卻又不失儒雅俊秀之風采。

據相關文章介紹，這幅圖片是由著名歷史學家、人像畫家、電腦製作人員組成的科學研究小組日夜突破瓶頸，透過現代科技神奇還原的作品。

文章中還說：「科學研究小組的組長，沈誠博士興奮地宣布：『我們可以有信心地告訴大家，這個還原的潘安的容貌，百分之九十九符合歷史上真人的外觀！』」但憑良心說，雖然這張潘安古屍容貌復原圖是一個帥哥，卻遠沒我們想像中的驚艷。

看看史書上都怎麼描寫和形容潘安的美的吧。

《晉書・潘岳傳》記載：「（潘）岳，美姿儀。」

《文心雕龍》則寫道：「潘岳，少有容止。」潘安名潘岳，字安仁，之所以被後人稱為潘安，河南大學文學院教授王利鎖說，古代文章比如駢體文和詩歌，為了對仗押韻，把仁字省略了。但民間說法卻是，因潘安曾侍奉中國歷史上最醜最荒淫最無恥的皇后賈南風，德行操守愧對「仁」字，因

此後人省略一字，只稱「潘安」。中牟縣史志辦的王曜卿則考證，歷代詩詞中，首次使用「潘安」者是唐代杜甫的〈花底〉詩：「恐是潘安縣，堪留衛玠車。」南朝宋文學家劉義慶寫《世說新語》，在《容止第十四篇‧七則》裡寫得最有趣，說：「潘岳妙有姿容，好神情。少時挾彈出洛陽道，婦人遇者，莫不連手共縈之。」即潘岳長得姿容秀美，神氣清朗，少年時拿著彈弓走在洛陽大道上，女人們見了，無不手牽著手，把他圍起來觀看。

劉孝標註引《語林》：「安仁至美，每行，老嫗以果擲之滿車。」這個記載更過分，潘安乘車出行，老婦人見了，紛紛投擲水果，以示愛意，以至於潘岳回家，總是滿載而歸——這就是成語「擲果盈車」的來由。

……

看看，潘安之美，是足以令無數陌生女子一見便傾心，忘形失態，做出超越禮數的舉止行為來的。

現在的女子看潘安古屍容貌復原圖，應該還沒有衝動到這種地步吧？

魏晉文學專家徐公持先生說，潘安的美，是有他的時代背景的。他生逢其時，生在一個尚美時代，《世說新語》又把他寫得非常突出，因此被描述成了一個超級大帥哥。

臺大中文系教授張蓓蓓說，魏晉時期正如今天，進入一個解構的時代，漢朝四百年的秩序一夕崩解，各種驚世駭俗的現象出現，當時品評人物的眼光非常開放多元。

南開大學的羅宗強教授說，西晉士人心態的一個重要方面是審美情趣的雅化，審美標準崇尚秀麗。

的確，魏晉時代，根本就是一個看臉的時代，是一個「文學的自覺和人的自覺」的時代，自然美與人格美同時被發現，人們沉醉於對人物的容

第八章　考古釋疑

貌、器識、肉體及精神的美，形成「中國歷史上最有生氣、活潑愛美，美的成就極高的一個時代」。

在那個時代，一批批或深具或深醉自然美與人格美的美男子被謳歌，《世說新語·容止篇》共寫了三十九篇關於帥哥的文章，記錄的美男子有：夏侯玄、嵇康、王衍、潘岳、夏侯湛、何晏、二陸、張華、郭璞、劉琨、謝靈運、范曄⋯⋯相貌醜陋或不佳，則會被人鄙視和譏笑。

如上面提到的《世說新語·容止第十四篇·七則》「潘岳條」還有下文：「左太沖絕醜，亦復效岳遊遨，於是群嫗齊共亂唾之，委頓而返。」左太沖即左思，著名文學家，寫〈三都賦〉而引出「洛陽紙貴」轟動效應的那位，他東施效顰，學習潘安到洛陽城外大道遊走，遭到女人們攔截吐唾沫，鬱悶而歸。

與左思遭遇相同的還有名重一時的文學家張載，「載甚醜，每行，小兒以瓦石擲之，委頓而返」，就因為長得醜，出門都被頑童擲瓦石，這不是看臉的時代又是什麼？

所以，潘安之美，可能真的就是潘安古屍容貌復原圖上的樣子，即沈誠博士說的「這個還原的潘安的容貌，百分之九十九符合歷史上真人的外觀」，它雖然沒能引起現代女性內心的躁動，卻足令讓那個看臉時代女性為之癲狂。

但話說回來，沈誠博士真能保證潘安古屍容貌復原圖上的樣子「百分之九十九符合歷史上真人的外觀」嗎？

要知道，潘安墓的下落還一直是個謎啊。

現在潘安故里中牟縣城關鎮大潘莊村遊樂園一角，有潘安墓、紀念碑、紀念亭，這些全是在一九九六年一口氣建起來的。

潘安古屍容貌復原了嗎？專家說是，卻疑點重重

其中的潘安墓準確地說只是一座招魂墓——潘安是被誣陷叛亂而枉死於幾百里之外的洛陽的，家鄉的人建立這樣一個墓是希望他的魂魄得到安息。

也由於歷史界對潘安的一生還存在有很大的爭議，所以這墓並沒有像一般的墓那樣豎立墓碑，而是立起一塊形狀玲瓏色彩暗紅的天然巨石，上面題寫了「潘安墓」幾個大字。據說，摸了這塊石頭的男孩子會長得更好看、文才更好，因此被來來往往的男人摸得油光可鑑。

關於潘安真正的墓地，由於潘安死於謀逆大罪，沒有人敢幫他收屍。

過了一年多，潘安的姪子潘尼才在堆積死犯亂屍骨的墳裡將疑似潘安的屍骨運回河南省鞏義市，安葬在潘安父親的墳墓旁邊。

這個說法，是得到傅璇琮先生的認同的。傅璇琮先生在《潘岳繫年考證》中說，中牟是指潘岳的郡望，他童年隨父在鞏義市，少年即到洛陽。潘岳在故里未留下什麼遺跡。潘岳父親的墳墓在鞏義市西南三十五里羅水流經處，潘岳本人也葬於此，潘岳在詩文中多次表示這個地方是他的歸鄉。

清乾隆五十四年本《鞏縣志》卷十六、十七中也記載：「晉潘芘墓《水經注》：羅水又西北經袁公塢北，又西北逕潘岳父子墓，有碑。岳父芘，琅琊太守，碑石破落，文字缺敗。」看來，潘岳的墳墓就應該是在鞏義市西南三十五里羅水流經處了，但不能確定潘尼從洛陽運回的就是潘安的真屍骨。

一九八四年，鞏義市文物管理所的工作人員就聲稱在該市西南芝田鎮北石村村委南兩公里處發現潘岳墓，地處塢羅河北岸臺地上，北距三一〇國道兩百餘公尺。墓塚坐落在大片農田中，無地面建築，僅存潘岳墓塚，

第八章 考古釋疑

墓塚高六公尺，周長三十八公尺，分布面積一千平方公尺。

不過，鞏義市文管所的習延昭先生坦承，鞏義市是傳統的交通要道，兩京鎖鑰（指洛陽和開封），潘岳與其父之墓在鞏義市芝田鎮，那裡是羅水和漯水交會處。現保留下來的只有一座土塚，土塚沒有打開過。因為沒了碑記，並不能確認是潘岳的還是他父親的。

習延昭先生的話真讓人倒吸一口冷氣，如果這座土塚是潘岳父親的墓，那麼，專家能復原的只是潘岳父親的容貌吧？

這裡有一個小問題，無論是潘岳還是潘岳父親，離世時都是五六十歲的老年人，古屍復原的容貌應該停留在死前狀態才更能「百分之九十九符合歷史上真人的外觀」吧？

話說回來，復原的即使不是潘岳而是潘岳父親的容貌，好歹都還能滿足人們的幻想。

最殘酷的事實是：潘安故里中牟縣城關鎮大潘莊村的人堅稱潘安墓是在縣城西北三公里處，但一九四九年之前已經被黃河淹沒掉了，潘安的墓已經不存在了，則潘安的屍骨也早在河底無覓處了！村裡上了年紀的老人都說，從建村以來，那兒就是潘姓家族的祖墳。大潘莊老村民潘紹卿有根有據地說：「過去我聽父親潘玉成說過，潘岳墓確實在村西北賈魯河裡，我父親年輕時曾潛水站在墓頂上，手舉一根一丈多長的蘆葦，葦尖剛露出水面。他也從墓頂上掀掉過一塊大青磚。」大潘村婦女主任衡秀萍則說，自己的公公潘永增在世時，經常講遭遇潘安墓的故事。一九三八年八月，中牟大水過後，仍有大片的水坑積存。

由於天氣炎熱，十三歲的潘永增經常到村裡西側（原中牟農校）的一個水坑裡洗澡。仗著自己水性好，潘永增經常頭向下鑽入水裡。一次，頭

向下鑽入水裡時，頭碰到了一個硬邦邦的東西，用手摸時，發現上面是一塊塊長滿青苔的磚，但是比普通的磚要大得多。回到家後，潘永增告訴了村裡人自己的「奇遇」。老人們由此斷定，潘安墓就在村西北的河裡，潘永增碰到的肯定是潘安墓。

實際上，一九九三年編的《中牟縣志》就記載，在縣城西北三公里處有潘安墓，那裡原是賈魯河故道河堤南側，因年深日久，歷經多次黃河氾濫沖刷，墓室沉入河底，被沖成了兩丈多深的大水潭。墓室是用青磚砌成，清末，村裡有個叫潘龍蛟的武秀才，為尋墓中寶物，曾潛入水底，沒找到什麼寶物，只撈出一塊一尺多長的石碑，碑上刻有「潘岳之墓」的字樣。

現在，中牟縣檔案局主管縣志整理工作的徐元說，潘安墓究竟在什麼地方，歷史上說法不一，但主要有三種說法：一說是在縣城西北三公里處，即《中牟縣志》所採取的說法；第二種說法是，潘安墓在縣城西三里處的一個大土丘上，人稱單塚，內有石床，但現在已無據可考；第三種傳說是，潘安死後為防人盜墓，建了兩座墳塚，單塚是潘安的疑塚，潘安真正的墓址所在，沒有人知道。

但願沈誠博士等人精心製作出來的潘安古屍容貌復原圖，是確保在真的潘安墓中發掘出的潘安本人的屍骨的基礎上還原出來的，否則，真是個大烏龍了。

第八章　考古釋疑

月下清嘯退敵的大英雄，其墓室竟如此簡陋

中國風流名士以魏晉最多，最為著名。

而眾多名士中，最具英雄本色、最具豪傑色彩的，當數劉琨。要說，桓溫也是個大人物了，目空四海，不把天下英雄當回事兒，偏偏視劉琨為自己的偶像，崇拜到了極點。

桓溫北伐回師，途中遇一位老婦人，自稱是劉琨的早年侍女。

老婦人見了桓溫，眼淚就止不住嘩嘩往下流。

桓溫一下子蒙了，我沒招妳沒惹妳，為什麼見了我就哭？

老婦人抹了抹眼淚，說：看到了你，讓我想起了劉司空。

唔？桓溫立刻來了精神，趕緊束衣整容，連聲說：妳看我是不是和劉司空有幾分相像？

老婦人止住哭，仔細打量一番，異常認真地說道：「你的臉型有幾分像，卻多了些小家子氣。你的眼睛也有幾分像，卻少了些神采。你的鬍子也有幾分像，可惜發紅發暗。身形也有幾分像，偏偏矮了點。聲音也很像，但為什麼帶有娘娘腔？」

扎心了！

聽了老婦人的話，桓溫無比失望，難過地脫去衣帽，鑽進居所，神傷了好幾天。

現在，我們所用的成語中，有好多是與劉琨相關的。

比如：聞雞起舞、枕戈待旦、先吾著鞭、多難興邦、志梟逆虜、清嘯退敵、泣血宵吟、扼腕長嘆、國破家亡、破涕為笑、力不從願、首尾狼

狠、敦詩悅禮、因緣際會、殷憂啟聖、因敗為成、以功補過、負楯以耕、屬鞬而耨、殞身死節、神色怡如、撫劍吟嘯等等。

劉琨的家鄉在河北無極縣，上述成語有好幾個都鐫刻在無極縣聞雞起舞碑廊。

劉琨和祖逖早年在洛陽一同擔任司州主簿，為報效國家，日日早起，聞雞起舞，練習劍法。

兩人惺惺相惜，祖逖對劉琨說：「如果海內鼎沸，豪傑並起，吾與足下當相避於中原耳！」後來劉琨出任了并州刺史，聽說祖逖揮師北伐，無比振奮，對身邊人說：「吾枕戈待旦，志梟逆虜，常恐祖生先吾著鞭。」劉琨，就是這樣一個意圖力挽狂瀾，拯救國家於分崩離析的孤膽英雄。

盧諶向晉元帝上表稱：「自河以北，幽並以南，醜類有所顧憚者，唯琨而已。」

後世史家也嘆息說：「越石區區，獨御鯨鯢之銳，推心異類，竟終幽圄，痛哉！」劉琨和鮮卑人段匹磾結盟，「推心異類」，最後被段匹磾所殺。

劉琨和段匹磾結盟的盟壇在今河北廊坊市霸州市信安鎮，據說，劉琨死後就葬在廣陽區桑園村。

現在的桑園村村民說，西晉時，這裡是沒有村莊的，只有一座點將臺，名叫樓櫓，旁邊是大片的桑林。段匹磾殺害劉琨後，將之葬於樓櫓點將臺下。部下在此為他守墓，後來形成了村落，名字就叫樓桑。何意百鍊鋼，化為繞指柔！劉琨匆匆留下了空讓後人嗟呀嘆息的絕筆書，血灑荒丘，魂歸天國。村民們說，兩百餘年前，劉琨墓碑還矗立在神道灘一片淺草之中，現在已經找不到了。

是嗎？劉琨真的是埋葬在廣陽區桑園村嗎？

第八章　考古釋疑

　　一九九七年三月，北京市石景山區文物管理所在八角村西北部清理了一座磚室墓。

　　該墓為前、後雙室結構。墓門為石製，一左一右兩扇。石門上有畫像，上部刻執戟武士，下部刻三角紋。

　　前室北側壁建一石龕，令人驚奇的是，石龕前斜躺的男性骨架基本完整，身高一百七十公分左右。

　　專家經過深入研究，最後斷定：八角村墓墓主人為遇害於薊城的西晉并州刺史劉琨！

　　特別要說明的是，該墓為二次改葬墓，石龕為段部鮮卑單于供奉的祭龕。

　　想不到，曾經聞雞起舞的翩翩少年，一度月下清嘯退敵的大英雄，他的墓室竟如此簡陋，簡陋得讓人心酸。

此地村民有金髮黃鬍子特徵，祖上是燕國鮮卑慕容氏

　　姑蘇慕容是金庸武俠小說《天龍八部》裡面描寫的一個神祕家族。

　　該家族定居於江南姑蘇燕子塢參合莊，以擅長眾家之武學而聞名中原武林，世代傳人均為頂級武功高手，是武林中一股重要勢力。

　　此外，最重要的是，這個家族的真實身分乃是十六國時期鮮卑燕國皇族慕容氏餘脈，即所謂天潢貴冑。

> 此地村民有金髮黃鬍子特徵，祖上是燕國鮮卑慕容氏

慕容氏居所燕子塢的「燕」，就隱藏了燕國的「燕」字；他們的宅院參合莊，就暗示後世子孫念念不忘那場與北魏拓跋氏展開的、導致後燕慕容氏迅速衰敗的參合陂之戰……小說中明確交代，與喬峰齊名的慕容復隨身攜帶的〈大燕皇帝世系譜表〉中記述有列祖列宗：太祖文明帝諱皝、烈祖景昭帝諱儁、幽帝諱暐、世祖武成帝諱垂、烈宗惠愍帝諱寶、中宗昭武帝諱盛、昭文帝諱熙等帝王。

實際上，以國號為「燕」存立的國家，除了慕容皝、慕容儁、慕容暐三代傳承的前燕，慕容垂、慕容寶、慕容盛、慕容熙四代傳承的後燕外，還有前秦崩潰時從長安逃亡出的西燕、篡奪後燕的北燕、前燕的餘脈南燕及漢人馮跋創立的北燕。

除去漢人馮跋創立的北燕不提，其他的燕國都是鮮卑族慕容氏在亂世中紛爭幻滅的結果，其興也勃，其亡也忽。

劉裕平滅南燕後，想到當年苻堅滅前燕卻未將慕容氏斬草除根，致使慕容氏總是死灰復燃，播亂天下，因此吸引前車之鑑，下令將所有姓慕容的人盡斬於南燕都城廣固城下，一了百了。

鮮卑慕容氏由此完全退出了歷史大舞臺。

按照史書記載，鮮卑慕容氏已經滅種滅族，姑蘇慕容氏的出現，不過是小說的虛構，讀者沒有必要深究，只管搬板凳坐定看戲就行。

然而，讓人想不到的是，廣東高要白土鎮幕村、大旗村等村落，群居有南燕慕容氏後裔。

幕村慕容瑞湖珍藏有世代相傳的《慕容氏大宗族譜》。

按照《慕容氏大宗族譜》的記載，在劉裕滅燕之禍中，小部分慕容氏人躲過了殺戮，不斷向南遷徙，唐宋時期遷徙到華南各省。元朝末年，慕

第八章　考古釋疑

容氏中有人投入朱元璋的隊伍，幫助朱元璋奪取了江山。但朱元璋是個可共患難、不可共富貴的人，他做了明朝開國皇帝後，展開了有計劃的屠殺功臣活動。慕容氏功臣見機得快，紛紛改名換姓，逃避追殺，有的改姓慕，有的改姓容。

慕容瑞湖說，他們的始祖慕容紹奕是在明朝洪武五年（一三七二年）遷徙到現高要蛟塘鎮金雞村的。大概過了一百年，部分慕容氏後人遷到白土鎮幕村居住，後又有分支遷往大旗村。現在，肇慶市的端州、高要、廣寧、懷集等地都有慕容氏人居住。但人丁最興旺、居住最集中的，還是高要白土鎮幕村、大旗村，這兩個村加起來，共有五千多人姓慕容。

東晉鮮卑人最顯著的特點就是金髮黃髭子，具有白種人的相貌特徵。

唐代詩人張籍寫〈永嘉行〉詠西晉滅亡史事，開篇即是：「黃頭鮮卑入洛陽，胡兒執戟升明堂。晉家天子作降虜，公卿奔走如牛羊。」

蘇軾在觀賞唐人韓幹的畫時賦詩，其中有：「赤髯碧眼老鮮卑。」即鮮卑人最明顯的相貌特徵就是「黃頭」。

《世說新語・假譎》載王敦稱晉明帝為「黃鬚鮮卑奴」，指稱其相貌特徵是「黃鬚」。注引《異苑》所載王敦語作「黃頭鮮卑奴」，並加以解釋：「帝所生母荀氏，燕國人（鮮卑人），故貌類焉。」明確指出晉明帝的相貌與其母族相近，由此可見鮮卑人遺傳基因的強大。

現在幕村的慕容氏人雖然不斷與漢人通婚，但強大民族遺傳基因的作用，他們當中許多人仍然保持著北方鮮卑人的體貌特徵。

慕容瑞湖和其兄慕容瑞潮，就天生黃髮、眼眶深凹、鼻梁高挺。

此外，幕村其他慕容氏人與附近村莊的漢人相比，大都顯得高大、強悍，皮膚白、鼻梁高挺、眼珠近黃色。

慕容氏人也都知道自己是鮮卑人的後代。遼寧省社科院史學專家也來做過嚴謹的考證，證明高要複姓慕容的村民就是古代北方鮮卑人的後代，祖先曾經是燕國皇帝。

〈平復帖〉真的是陸機的作品嗎？

〈平復帖〉縱 23.7 公分，橫 20.6 公分，不足一張 A4 紙大，只有短短九行八十四個字，卻於二〇一二年被估價值為八億八千萬元，相當於一個字就有一千多萬，讓人咋舌。

實際上，以不懂書法的人的眼光看，可謂滿紙狼藉，舉目「火箸畫灰，連屬無端」，並沒有特別的美感。

近代書法界的泰斗人物啟功先生雖然奉〈平復帖〉如金圭玉臬，但也從來不臨摹〈平復帖〉。

那麼，〈平復帖〉的價值為什麼這麼高呢？

最大的原因，它被稱為「傳世第一帖」——透過對紙張形制等的考證，以及從字型結構判斷，可以百分之一百確定其為晉人手寫真跡，實乃迄今為止存世最早的文人書法之一。

還有，其書法介於章草與今草之間，是章草向今草過渡的「活化石」，可以充分反映出中國書法由古體向今體過渡變革時期的真貌。

明代董其昌因此稱之為：「蓋右軍以前，元常以後，唯存此數行，為希代寶。」（注：右軍，說的是東晉王羲之；元常，說的是三國鍾繇）

第八章 考古釋疑

另外還有一個重要原因,它出自名人陸機之手。

說起陸機,很多人是從〈周處除三害〉中那一句「始知人患己之甚,乃入吳尋二陸。時機不在,見雲,具以情告……」得知,周處時代的東吳有叫陸機和陸雲的大文學家。

實際上,陸機、陸雲都是非常厲害的人,他們是同胞兄弟,共有一個比他們更厲害的父親,也共有一個比他們父親更厲害的爺爺。

他們的爺爺,就是在夷陵之戰中火燒八百里連營,大敗蜀漢皇帝劉備的孫吳大將陸遜!

他們的父親,就是被譽為吳國最後大將的陸抗!

《世說新語・方正第五》有一則記載,說成都王司馬穎的主要智囊盧志是東漢大儒盧植的曾孫,這盧植也是一個很厲害的人,他有一個特殊的身分——劉備和公孫瓚等人的老師。盧志的父親是盧珽,盧珽的父親是盧毓,盧毓就是盧植的幼子。某次宴會,盧志當著眾人的面問陸機:「陸遜、陸抗是君何物?」陸機回懟說:「如卿於盧毓、盧珽。」由於盧志是司馬穎手下紅人,陸雲有點害怕,悄悄提醒兄長說:「兄長何至如此,或者真是不知道呢?」陸機正色說:「我父、祖名播海內,他豈有不知,鬼子敢爾!」陸機、陸雲兄弟都是「少有奇才,文章冠世」,被譽為「太康之英」,人稱「二陸」。

「二陸」與顧榮在一起,又並稱為「洛陽三俊」。

陸機兄弟於太康十年(二八九年)蒞臨洛陽,文才傾動一時,時有「二陸入洛,三張減價」之說。(注:「三張」指當時洛陽的三個文壇領袖張載、張協和張亢)

西晉的政治家、書法家張華這樣評價陸機:「人之為文恨才少,而機

〈平復帖〉真的是陸機的作品嗎？

患其多，至有見文而自欲棄其所學。」陸機兄弟後來在大富豪石崇的金谷園裡與潘岳、賈謐等詩酒唱和，人稱「金谷二十四友」。

其中的潘岳和陸機同為西晉詩壇的代表，共同引領「太康詩風」，人稱「潘江陸海」。

陸機不是將才，也不是政治家，缺乏政治眼光，這一點，是致命的。

他在「八王之亂」中辨不清形勢，傻乎乎地在趙王司馬倫掌權時當上了相國參軍，並在司馬倫篡位時受偽職。以至於司馬倫垮臺後，差點被處死，全賴成都王司馬穎搭救，才得以身免，從此依附於司馬越，為平原內史，世稱陸平原。司馬穎也是個野心勃勃的問鼎之主，他在與長沙王司馬乂的爭鬥中，任陸機代理後將軍、河北大都督，率領二十萬大軍出征。

結果，陸機大敗於七里澗，最終遭讒遇害，被夷三族。

想想看，〈平復帖〉既是晉人最早的墨跡，又原版紙質真跡，而且還是出自陸機這樣一個大名人之手，可不是絕世之珍品？

不過，〈平復帖〉上並未署名款，且年代久遠，字跡斑駁，難以考證，憑什麼說它就是出自陸機之手呢？

雖說透過科學鑑定，〈平復帖〉成書於西晉無疑，但一直默默無聞。

直到唐朝末年，突然從收藏家殷浩手中流出，轉存到了王溥家。在王家收藏了三代之後，被李瑋買了去。李瑋逝世後，進入了宋御府。

殷浩、王溥、李瑋等人並沒說這個帖叫什麼帖，也沒有說這個帖是陸機所寫，但書畫家皇帝宋徽宗趙佶見了這個帖後，也不知道以何為依據，即用泥金筆寫上了「晉陸機平復帖」書籤，下面還鄭重其事地鈐雙龍小璽，另有「政和」、「宣和」小璽，拖尾騎縫處還簽上「政」、「和」連珠印。

宋徽宗把這個帖稱為〈平復帖〉，是因為帖的開頭有「恐難平復」字

第八章　考古釋疑

樣，取其中「平復」二字。

這麼說來，把這個帖稱為〈平復帖〉其實是不妥的，人家說「恐難平復」，就是「恐怕不能平復」的意思，您又冠以「平復」之名，不是反其意而為嗎？

但帖的名稱，只是一個代號，並不影響其價值。倘若宋徽宗取「恐難平復」中「恐難」二字稱之為「〈恐難帖〉」，也沒有任何不妥。

問題是，宋徽宗憑什麼說這是「晉陸機」寫的呢？

無怪有專家發牢騷說，宋徽宗說〈平復帖〉是陸機的作品，那大家都認為〈平復帖〉是陸機的作品；如果宋徽宗說〈平復帖〉是陸雲的作品，那大家必定也都認為〈平復帖〉是陸雲的作品了；如果宋徽宗說〈平復帖〉是張芝的作品，那大家也一定都認為〈平復帖〉就是張芝的作品。

一句話，宋徽宗說是誰就是誰。

不過，早在明代時，也曾有人把這幅號稱「法帖之祖」的墨跡推斷為陸機之弟陸雲或更早一些的漢代張芝的作品，但缺乏確切的證據。

數百年來，學者都沿襲宋徽宗的說法，把〈平復帖〉說成是陸機的作品。

既然都先入為主地認為〈平復帖〉是陸機的作品，那麼，對帖中內容，大家都情不自禁地往陸機身上套。

〈平復帖〉是寫給一個身體多病、難以痊癒的友人的一個信札，上面都寫了些什麼呢？

老實說，上面的字並不好認。

現在，大家都是採用中國書壇泰斗啟功先生的注釋來理解。

其釋文為：彥先羸瘵，恐難平復，往屬初病，慮不止此，此已為慶。

承使唯男,幸為復失前憂耳。吳子楊往初來主,吾不能盡。臨西復來,威儀詳禮。舉動成觀,自軀體之美也。思識量之邁前,勢所恆有,宜稱之。夏伯榮寇亂之際,聞問不悉。

　　按啟功先生的釋文,此帖大意為:彥先患了很重的肺癆,身體虛弱得厲害,要想恢復健康恐怕很難了。以往初病的時候,沒有考慮到病情會發展到如此嚴重的地步,但還未危及生命,這也算是一件幸事了。這個唯一能夠繼承家業的男子,也許能夠恢復健康,但誰也說不清楚,前些時還憂慮著呢。吳子楊初次來見,我怠慢他了,等我要往西方遠行的前幾天,吳子楊又見到我,他穿戴整齊,儀表堂堂,渾似一個美男子,思索著此前見到吳子楊而產生愛意。按照原來執行的恆定規矩,吳子楊是可以使用的稱職之人。至於夏伯榮,在寇亂之中沒有聽到他的消息。

　　帖文的意思,大致如此。

　　來看大家是怎麼把帖中內容往陸機身上套的吧。

　　他們說,「彥先羸瘵」中的「彥先」,就是與「二陸」並稱為「洛陽三俊」的顧榮!

　　查《晉書‧顧榮傳》,裡面赫然有「顧榮,字彥先,吳國吳人也」的字眼。

　　這恐怕就是宋徽宗把〈平復帖〉說成是陸機的作品的最大依據。

　　但是,在陸機的朋友中,表字為「彥先」的人,除了顧榮,還有賀循和一個姓全的人。

　　要說「彥先羸瘵」中的「彥先」是顧榮,還不如說他是賀循比較合適。

　　因為查顧榮相關記載,並沒有提到顧榮身體不好,長年累月生病不癒的情況,反而《晉書‧賀循傳》裡記載有「循有羸疾」的字眼。

　　但賀循卒於東晉元帝太興二年(三一九年),比陸機晚死十六年,不

第八章　考古釋疑

像是〈平復帖〉裡那個將死未死，掙扎於病榻的人。

當然，也可以認為這個「彥先羸瘵」中的「彥先」就是另外一位姓全的全某。

反正怎麼說都行。

但是，一九八〇年代，著名書法家曹寶麟先生寫了一篇〈陸機〈平復帖〉商榷〉，著重透過「夏伯榮寇亂之際，聞問不悉」中「寇亂」一詞進行分析，認定晉人所言的「寇亂」，指的就是「永嘉之亂」，而陸機在永嘉之亂前九年即已被殺身亡，即〈平復帖〉的作者不可能為陸機。

說到底，曹先生這一依據終究太薄弱，經不起推敲，但他的當頭棒喝，也喝醒了許多人，為大家打開了一扇窗：不要盲從古人。

謝光輝、徐學標兩位專家受曹先生啟發，從另一個研究方向入手，緊扣〈平復帖〉中所提到的三個人物：子楊、彥先、夏伯榮——尤其是子楊，展開深入研究。

謝、徐兩位先生覺得，帖中第四行首字（也即「子楊」前一字）墨跡剝落，僅下半部分依稀可辨。

從草法上來看，與啟功先生所釋的「吳」墨跡不符，應該釋為「侯」才妥。

兩位先生的理由是，根據草法，「吳」字就不應該有左下突出的一撇，該字右下方豎畫中間的折筆釋為「侯」比較合適。

而且，遍查史書，晉代沒有叫「吳子楊」的，卻有叫「侯子楊」的。

「侯子楊」是誰呢？

《晉書·石季龍載紀上》載：安定人侯子光，弱冠美姿儀，自稱佛太

〈平復帖〉真的是陸機的作品嗎？

子，從大秦國來，當王小秦國。易姓名為李子楊，遊於鄠縣爰赤眉家，頗見其妖狀，事微有驗。

即侯子楊原名侯子光，曾改名為李子楊，在後趙石虎朝舉兵稱帝，事敗被斬後，世人稱其為「侯子楊」。

以《晉書・石季龍載紀上》中「弱冠美姿儀」的「侯子楊」對比一下〈平復帖〉裡所描述的「吳子楊」——「威儀詳禮」、「舉動成觀，自軀體之美也」，兩者何其相似！還有《晉書・石季龍載紀上》中的「侯子楊」以「妖言」煽惑信眾，「事微有驗」；對比〈平復帖〉中的「吳子楊」「思識量之邁前，勢所恆有，宜稱之」，說的應該就是同一個人。

那麼，侯子楊是後趙石虎當政時期的人，被殺時只是「弱冠」之年，且距陸機之死已有三十四年，那麼，〈平復帖〉就不屬於陸機所書。

至於〈平復帖〉裡提到的「彥先」，謝、徐兩位先生認為，這是一個在古代非常流行的人名或表字，粗粗一查，除了顧榮、賀循和全某表字「彥先」之外，南朝劉宋的傅劭，齊的丘景賓，梁的劉藻，北宋的孫思恭、高登、趙覺等；另曹魏有賀彥先，北魏有裴彥先，劉宋有顧彥先，唐有杜彥先、裴彥先、何彥先，宋有許彥先、李彥先、王彥先等。那麼，可想而知，不屬於名人的普通人，叫「彥先」的更多，因此並不能作為〈平復帖〉是陸機所書的依據。綜上所述，〈平復帖〉並不一定是陸機的作品，其書法成就並不像人們抬得那麼高，但其在考古學上的分量，還是非常重的。

第八章　考古釋疑

西晉章草書法家索靖所寫〈出師頌〉在拍賣場上引發的軒然大波

　　二〇〇三年七月，中國收藏界出現了一件引人矚目的大事：嘉德拍賣行計劃在其十週年慶典上拍賣西晉章草書法家索靖所寫的〈出師頌〉。

　　索靖，字幼安，敦煌（甘肅）龍勒人，其書法藝術名動千古，後人盛讚「如風乎舉，鷙鳥乍飛，如雪嶺孤松，冰河危石」，險峻遒勁，堪「與羲（王羲之）、獻（王獻之）相先後也」。

　　王羲之、王獻之父子的書法造詣，為書壇巔峰上數之一二者，索靖與之相提並論，則評價之高，不言而喻。

　　實際上，索靖的書法與王羲之、王獻之父子還是有傳承的。

　　索靖是東漢章草書法家張芝姐姐之孫，王羲之本人自稱「對漢、魏書跡，唯推鍾（繇）、張（芝）兩家，余則不足觀」。後人稱王羲之為「書聖」，東漢時人卻稱張芝為「草聖」。

　　索靖是張芝家書法傳承者，其成就對王羲之、王獻之草書影響亦深。

　　王羲之的書法老師之一、同時也是他的叔叔王廙，為晉元帝的姨弟，在隨王室南渡時，隨身只在懷裡揣了疊成四折的索靖墨寶，祕密縫在內衣裡。宋人看此帖時，四疊印仍在。

　　現在書法界有一定論：索靖的書法是中國書法從章草向行草過渡的特殊歷史時期的代表。惜乎其真跡稀有，盛名淡卻，後世幾忘。

　　但不管如何，說王羲之在索靖、陸機、鍾繇的章草基礎上創造出流行至今的行草書法，那是沒有任何異議的。

西晉章草書法家索靖所寫〈出師頌〉在拍賣場上引發的軒然大波

即嘉德拍賣行要拍賣索靖作品,自然轟動一時。

還有,〈出師頌〉是東漢人史孝山所寫的一篇著名文賦,寫於東漢名將鄧騭出師討伐羌人前夕,文中內容氣如長虹,勢若千軍,在南梁朝被輯錄昭明太子蕭統的《文選》中。

而索靖書寫〈出師頌〉,也是有著深刻的歷史背景的。

《晉書》記載:「元康中,西戎反叛,拜靖大將軍,梁王肜左司馬,加蕩寇將軍,屯兵粟邑,擊賊,敗之。」索靖曾拜大將軍,統兵平定西戎反叛,他在這一時期寫下的〈出師頌〉意義重大。

在此基礎上,嘉德拍賣行大張旗鼓為這次要拍賣的寶物造勢,他們是這樣宣傳的:「上面有宋高宗篆書大字晉墨,乾隆御筆題跋。索靖書〈出師頌〉,米友仁題記……謂之書林至寶,毫無溢譽之嫌。」〈出師頌〉引首部分宋高宗之「晉墨」二字最具說服力,因為在宋朝,皇宮還藏有索靖的其他真跡,皇上對照題鑑,則其當為索靖作品的鐵證。

中國媒體因此紛紛以「中國現存最早書法」、「索靖存世真跡之唯一作品」、「中國書法第二件作品」、「晉代真跡」等詞來形容這即將現身的國寶。

還有媒體煽情無限地說,「這將是一件改變中國書法史與文物史的國寶,而且最終的拍賣價格還可能再創新高」──緊接著透露:中國有買家欲以三千萬元的天價競購此作品。

嘉德拍賣行也將這一寶物底價定為兩千萬,並放出風聲:「徐邦達、啟功、傅熹年都說好,是國寶,徐邦達與傅熹年都建議國家買。故宮博物院與北京文物局都開了研討會要買這件好東西。」

隨後,嘉德做出嚴正宣告,為了國寶不流失海外,只作定向拍賣,即只准國內博物館、國有企業等舉拍。

第八章　考古釋疑

　　接下來發生的事，幾乎與嘉德所說一致：七月十三日定向拍賣、兩千萬起價、故宮博物院以兩千兩百萬元天價成交。

　　事件本來應該就此結束，但劇情發生了神逆轉——許多目睹過拍賣寶物的業內專家、學者指出：該作品並非索靖手筆，「故宮重金買了假貨」。

　　為什麼說這是一幅「假貨」呢？

　　作品上面有北宋大書法家米芾之子米友仁的題跋，赫然書「隋賢書」三個字。

　　即米友仁認為這幅〈出師頌〉是隋朝人寫的。

　　米友仁是北宋末年至南宋初年非常有名的鑑定家，對書畫有極高的鑑賞力，曾被召入南宋紹興內府鑑定所藏書畫，多有鑑題，存世書法墨跡也多為鑑題，可信度極高。

　　為此，故宮方面不得不做出了回應。

　　故宮博物院研究員、同時也是〈出師頌〉專家鑑定小組成員的單國強向媒體做出解釋，他的態度簡單明瞭：故宮從來就沒認為這個〈出師頌〉是索靖的作品，而將之視為隋代的作品。而且，在清宮內，也是將它視為隋代作品加以保存的。在乾隆時期刻的《三希堂法帖》中，也是將其視作隋人書。

　　既然已經知道它是一件偽作，為什麼還要花大價錢拍下呢？

　　單國強說：「對於古代字畫的鑑定首先必須明確鑑定的主旨。對於有款題的作品，鑑定的主要目的在於論證此作品是否確為落款作者的手筆，這裡有真作和偽作的區別；而對於沒有款署的作品，是沒有所謂『真偽』問題的。因此，對無款作品〈出師頌〉大談是真還是假，是真跡、摹本還是偽作，都是沒有意義的，是缺少起碼的書畫鑑定常識的。」

西晉章草書法家索靖所寫〈出師頌〉在拍賣場上引發的軒然大波

那麼，既然明知不是「晉墨」──不是晉朝人的作品，而是隋朝無名人氏臨摹之作，為什麼還要堅持購買呢？

單國強的回答是：隋代存在的歷史年代非常短暫，則其能夠流傳下來並確定是隋代名家的書畫作品十分稀少。即使有，也往往被認作是六朝或者是唐代的作品。而〈出師頌〉是以明確的隋書身分出現的。

目前，故宮收藏的隋代作品只有一部寫經，而別的朝代的書畫珍品都有收藏：西晉有陸機〈平復帖〉，東晉有王羲〈伯遠帖〉，唐代的就更多了，隋代作品是個缺件。

然而，敦煌出土隋人寫《妙法蓮華經》的拍賣價僅為六萬元，現在這個隋朝無名人氏的作品卻需要兩千兩百萬元，它到底值不值這個價？

代表故宮從嘉德拍賣公司購回〈出師頌〉的梁金生的回答是：值！

隋代非常短暫，能夠流傳下來並確定是隋代的法書十分稀少。

〈出師頌〉回歸後，故宮的館藏書法就能夠「串」起來了，而與敦煌出土隋人寫《妙法蓮華經》不同，隋人〈出師頌〉屬於名蹟。

應該說，故宮方面的解釋可以平息一切爭議了。

但是，事情還沒有完。

有人提出，所謂「隋人〈出師頌〉」的說法也是靠不住的。

上海書法家協會祕書長、《書法研究》雜誌主編、中國書法家協會學術委員戴小京指出：「宋高宗與米友仁是一殿君臣，在此卷中有米友仁題字：右〈出師頌〉，隋賢書，紹興九年四月七日，臣米友仁書。要知道米友仁因精於鑑賞而被任命為御用鑑定師。文獻記載，高宗每得書法、名畫，命之鑑定題跋於後，或謂一時附會帝意，畫頗未佳而題識甚真者。如果米定為隋賢，高宗不會在卷首書晉墨，如果高宗已題晉墨於首，附會迎合帝

第八章　考古釋疑

意的米友仁斷不敢再定為隋賢。嘉德版本的〈出師頌〉在歷史上出現在明朝，當時過眼之人沒有晉墨的記載，而在清初安儀周《墨緣匯觀》時出現了晉墨的記載。可見晉墨是明朝人加上去的。」

戴小京這一說法極具殺傷力，宋高宗與米友仁為一殿君臣，即有米友仁題「隋賢書」就不會有宋高宗書「晉墨」；有宋高宗書「晉墨」，就不會有米友仁題「隋賢書」，足見此條幅是後人作假。

中國美術史權威、書畫家陳傳席，以及上海博物館書畫部研究員鍾銀蘭又指出：「晉墨」兩字是寫在有五爪龍的紙上的，而「宋只有三爪龍、四爪龍，沒有發現過五爪龍，這兩字不可能是宋高宗所寫」。

上海書法家協會副主席、隸章體書法權威張森加入補刀，說：「一眼就可以看出，這幅作品不是隋唐之前的東西，因為它沒有晉代書法的時代韻味，隋唐之前的作品與其後的相比，要質樸厚重得多，唐之前毛筆用短鋒，下筆就有厚重感，從筆法、結構、氣勢上來看，這幅作品下筆單薄，很可能是明人摹本。」完了，〈出師頌〉不但不是晉人索靖的作品，也不是隋朝無名氏的作品，而是「明人摹本」，這回，故宮方面該怎麼說？

單國強和梁金生都曾強調：故宮每次購買文物，都會組織專家反覆論證。這次決定購買〈出師頌〉前，故宮組織啟功、傅熹年等六位專家成立六人小組，召開過鑑定論證會。

九十歲的啟功老先生是六人小組中最權威的書法家，他在接受記者採訪時，明確表示：「晉墨兩字是假的，那是明朝的紙，宋高宗如何可能在明朝的紙上寫字？拍賣行是商業行為，亂炒！炒得越高越好。這就是他們的想法。我們從沒有向國家推薦買這件東西。」記者又電話採訪了六人小組中的國寶級鑑定大師傅熹年，問：「傅老，聽嘉德說您向國家建議購買

這件國寶。」傅熹年立刻回答說：「沒有這個事情，絕對沒有這個事，我沒有寫任何東西。《中國文物報》說我講這個東西非常好，讓國家買，我已經讓他們更正了。公家問我什麼態度，我就說了。哪些部分是假的，我也跟國家說了。媒體我一概不說。不要理它，越炒要加幾倍的價格，吃虧的是國家。」

最後，對這事給出有力回應的還是單國強，他說：「〈出師頌〉屬於故宮藏品，一九二二年被溥傑攜帶出宮，後來流失。現在重新出現，故宮當然要不遺餘力地回購收藏。」故宮博物院院長鄭欣淼也說：「因為種種歷史原因，大量的故宮藏品流失。故宮博物院一直都在透過各種途徑收回屬於自己的藏品。如今成功購得〈出師頌〉，使得一件離開故宮八十年的珍品重新『回宮』，這是為保護珍貴的國家文物所做出的努力，故宮所做的這一切，很值！」不管怎麼樣，故宮購回〈出師頌〉已成不可改變的事實。

〈蘭亭集序〉——王羲之作品之說存疑，一墓碑出土，爭論又起

話說，一九六五年一月十八日，考古學家在南京市新國門外的人臺山發掘了一座晉墓。

墓主可是歷史名人 —— 書聖王羲之的從弟王興之及王興之的夫人。

憑什麼這麼確定呢？

因為，墓中出土了兩方石刻墓誌，兩誌分刻兩面，共計兩百零三字，原原本本地交代了墓主的生平。

第八章　考古釋疑

既然是書聖王羲之的親人，那麼，墓碑上文字的書法，就特別讓人關注了。

提起王羲之的書法代表作，無疑是〈蘭亭集序〉。

〈蘭亭集序〉有「天下第一行書」之譽，自唐以降，眾書家、藏家對之讚不絕口。

或稱之「飄揚俊逸，曠絕千古」；又或稱之「點畫秀美，行氣流暢」；又或稱之「清風入袖，明月入懷」；又或稱之「飄若浮雲，矯若驚龍」；又或稱之「遒媚勁健，絕代所無」……但是，這王興之墓碑上的書法，絲毫沒有一點〈蘭亭集序〉書法的影子，這不免讓人遐思萬千。

要知道，王氏身為東晉名門望族，族中可不只有一個王羲之的書法超凡入聖，其整個家族群擁有眾多書法高手。

其中，王羲之的兒子王獻之的成就更是達到了與父親並稱的高度，史稱「二王」。

而且，家風惠及，王氏書法大家層出不窮，代代相傳，傳至王羲之的七世孫智永和尚，仍是影響千古的大書法家。

那麼，〈蘭亭集序〉既然是王羲之最得意之作，而王氏家族又都是書家匯聚，為何王興之墓碑上的書法與〈蘭亭集序〉差別迥乎天地，竟似毫無關係呢？

這就很讓人感到納悶了。

當然，是不用懷疑王興之墓碑上石刻的真偽的。

其實，在王興之墓碑出土的前一年，即一九六四年，該年九月九日，建築工人在南京市雨花臺東北五百公尺的戚家山施工時，掘土機也在地下挖出東晉謝鯤石刻墓誌一方。

〈蘭亭集序〉—王羲之作品之說存疑，一墓碑出土，爭論又起

　　這謝鯤的來頭也很大，他是東晉另一名門望族謝家的領軍人物，他的姪子，就是後來運籌帷幄，取得淝水之戰勝利的謝安。

　　謝氏家族中，以謝安、謝萬為代表，也是書法名家輩出。

　　其中，謝安和王羲之交往甚深，書法頗受王羲之影響，有「縱任自在，若螭盤虎踞之勢」之讚。

　　宋朝書法家米芾甚至稱讚謝安的書法「山林妙寄，巖廊英舉，不繇不羲，自發淡古」。但是，謝鯤石刻墓誌上的書法，和王興之石刻墓誌上的風格是一類的，即魏碑隸意，截然不同於〈蘭亭集序〉。

　　非但如此，此前的一九五八年，在南京市老虎山南麓出土的東晉謝謙妻劉氏磚刻墓誌上的書法，也是魏碑隸意。

　　實際上，回顧所有能看到的晉代碑刻和出土的晉代墨跡，包括被指認為疑似王羲之真跡、或後人對王羲之作品的摹本，如〈初月帖〉、〈孔侍中帖〉、〈行穰帖〉、〈上虞帖〉、〈姨母帖〉、〈喪亂貼〉、〈豹奴帖〉、〈十七帖〉、〈青李來禽帖〉、〈快雪時晴帖〉等，都是草隸、隸書、章草，根本就沒有〈蘭亭集序〉裡所表現出來的行書筆法！那麼，〈蘭亭集序〉是否是東晉時代的產物，就非常可疑了。

　　換句話說，〈蘭亭集序〉是否是王羲之的作品，就非常可疑了。

　　這真是讓人細思極恐啊。

　　話說回來，王羲之在他所生活的時代至南朝梁陳年間，都一直穩坐書壇一哥的高位。

　　但生活在那段時間的人們，但凡稱頌王羲之的書法作品，都隻字不提〈蘭亭集序〉，真是奇哉怪也。

　　梁武帝《書評》有評論王羲之的書法，壓根沒提〈蘭亭集序〉，只是

第八章　考古釋疑

說：「王右軍（即王羲之）書，字勢雄強，如龍跳天門，虎臥鳳闕。」這些評語，與我們所看到的〈蘭亭集序〉的字勢，完全不搭。

《法書要錄》卷二收錄有梁武帝與陶弘景之間往來論書的書簡，我們不妨來看一看。

梁武帝說：「逸少（王羲之字逸少）跡無甚極細書，〈樂毅論〉乃微粗健，恐非（王羲之）真跡。〈太師箴〉（王羲之另一作品）小復方媚，筆力過嫩，書體乖異。」陶弘景表示贊同，說：「〈樂毅論〉愚心近甚疑是摹而不敢輕言，今旨以為非真，竊自信頗涉有悟。」陶弘景又說：「逸少有名之跡不過數首，〈黃庭〉、〈勸進〉、〈像贊〉、〈洛神〉，此等不審猶得存不？」梁武帝說：「鍾（繇）書乃有一卷，傳以為真。意謂悉是摹學，多不足論。」陶弘景：「世論咸云『江東無復鍾跡』，常以嘆息。」

……

以上對話，傳遞出幾個訊息。

一、王羲之有名之跡有〈黃庭〉、〈勸進〉、〈像贊〉、〈洛神〉，沒有〈蘭亭集序〉。

二、唐太宗李世民最為寶貝的書跡為〈蘭亭集序〉與〈樂毅論〉。其中的〈樂毅論〉從南梁內府流出，於唐初進入內府時，褚遂良曾經過認真檢校鑑定，認定為真跡。但從梁武帝和陶弘景的對話可知，梁朝內府的藏本已經是摹本而非真跡。

三、〈黃庭〉、〈勸進〉、〈像贊〉、〈洛神〉等帖雖然有名，但仍尚不知是否真跡。

四、三國大書法家鍾繇的一卷書法作品傳入南梁內府，梁武帝一度以為真，但細考之下，仍是摹本。

〈蘭亭集序〉──王羲之作品之說存疑，一墓碑出土，爭論又起

五、在梁武帝時，鍾、王的真跡已經寥若晨星，而依託臨摹的風氣卻已盛極一時。

對於時人瘋狂偽造大小二王書的現象，梁朝人虞龢《論書表》，其以「以茅屋漏汁，染變紙色」來形容。

那麼，長期以來，一直寂寂無聞的「天下第一行書」〈蘭亭集序〉是怎麼突然出現在人們的眼前的呢？

《太平廣記》所收唐人何延之的〈蘭亭記〉，裡面有詳細敘述，十分離奇。

他說，〈蘭亭集序〉的墨跡「凡二十八行，三百二十四字」、「右軍亦自愛重，留付子孫，傳掌至七代孫智永……禪師年近百歲乃終，其遺書付弟子辯才……至貞觀中，太宗銳意學二王書，訪募真跡備盡，唯〈蘭亭〉未獲。尋知在辯才處」。

這唐太宗想盡千方百計索取〈蘭亭集序〉，但辯才來來回回只用兩個字拒絕：沒有。

宰相房玄齡急君王所急，想君王所想，推薦監察御史蕭翼前往騙取。

這蕭翼化裝成風流逸士，與辯才交好，費盡了苦心，終於騙到了手。

唐太宗喜不自勝，對於房玄齡、蕭翼、辯才都給了很多的賞賜，並命「趙模、韓道政、馮承素、諸葛貞四人各拓數本，以賜皇太子、諸王、近臣」。貞觀二十三年，唐太宗病重，對兒子唐高宗耳語：「吾欲將所得〈蘭亭〉去。」於是〈蘭亭集序〉的真跡便被葬入了昭陵。

對於這種繪聲繪色的描述，宋代文豪歐陽修的學生汝陰老人王批駁說：「此事鄙妄，僅同兒戲！太宗始定天下，威震萬國，殘老僧敢吝一紙耶？誠欲得之，必不狹陋若此！況在秦邸，豈能詭遭？臺臣亦輕信之，何耶？」

第八章　考古釋疑

想想也是，李世民如果已經貴為天子，一介殘老僧人，豈敢吝惜一紙不獻？

李世民如果尚為秦王，又如何得臺臣配合做出這等巧取豪奪之事？

最讓人難以置信的是，李世民如果想要以〈蘭亭集序〉陪葬，又何必向他兒子乞討？

而且，他們父子之間的耳語又是誰偷聽來的？

所以，王是不相信何延之說的這番鬼話的，對〈蘭亭集序〉是否王羲之的作品是存疑的。

不過，與何延之同時代的劉悚，著有《隋唐嘉話》，書中也有關於〈蘭亭集序〉現世的介紹。

該文述：梁末侯景作亂，王右軍的〈蘭亭集序〉流落到了民間。陳朝天嘉年間，被僧人智永所得。到了太建年間，將之上獻陳宣帝。隋平滅陳朝，有人以獻晉王（即後來的隋煬帝），晉王並不以之為寶。後來僧人果永從晉王處借出臨拓。晉王登位，忘記從果永處索還。果永死後，弟子僧辯得之。唐太宗為秦王日，見拓本驚喜，出高價購買，而〈蘭亭集序〉終不至焉。及知在辯師處，使蕭翼就越州求得之。〈蘭亭集序〉於武德四年入秦府。貞觀十年，乃拓十本以賜近臣。帝崩，中書令褚遂良奏：「〈蘭亭〉，先帝所重，不可留。」遂祕於昭陵。

兩相比較，劉悚和何延之的說法差別並不是很大。總之，〈蘭亭集序〉就是出於智永和尚處，後被唐太宗從辯才處索得，埋入昭陵。

南宋大詞人姜夔對劉悚的說法表示不以為然，他說：「梁武（帝）收右軍帖二百七十餘軸，當時唯言〈黃庭〉、〈樂毅〉、〈告誓〉，何為不及〈蘭亭〉？」

〈蘭亭集序〉─王羲之作品之說存疑，一墓碑出土，爭論又起

言下之意，〈蘭亭集序〉根本就不是從梁朝內府流出的。

有王、姜夔這兩位先輩的懷疑在前，稍後的南宋書法家吳說不願揣著明白裝糊塗，直接挑破了窗戶紙：這個〈蘭亭集序〉根本就是智永和尚的作品！吳說的說法可不是信口開河，而是有一定根據的。

智永的俗名為王法極，前面也說了，他是王羲之的七世孫，在永興寺出家當和尚，臨書三十年，能兼諸體，尤善草書，隋煬帝稱讚他的書法是「得右軍之肉」。

智永的真草書《千字文》寫有八百多本，其石刻至今還保存在西安碑林中。

世傳墨池堂祖本智永所書的王羲之〈告誓文〉後有「智永」的題名，其用筆結構和〈蘭亭集序〉，完全是一個體系。

所以，〈蘭亭集序〉是智永作品之說是有一定依據的。

後世如清詩人舒位、藏書家趙魏、刊刻家阮元、畫家趙之謙、書法家包世臣、金石家甘熙等人，也都從藝術鑑定的角度提出自己的見解：〈蘭亭集序〉並非王羲之手跡，而是後人偽託王羲之之名的偽作，而作偽嫌疑最大的人，就是智永和尚。

阮元在《蝎經室續集》卷三答：「余舊守『無徵不從』之例，而心折於晉宋（指南朝劉宋朝）之磚，為其下真跡一等，古人不我欺也。試審此冊內永和三、六、八、九、十年各磚隸體，乃造坯世俗工人所寫。何古雅若此。且『永和九年』反文隸字，尤為奇古。永和六年王氏墓，當是羲之之族。何與〈蘭亭〉絕不相類耶……」書法家包世臣稱，他親眼見過王羲之真跡如〈東方先生畫贊〉、〈洛神賦〉的南唐拓本，「筆筆皆同漢隸」。

甘熙《白下瑣言》卷三則說：「過揚州，於市上得晉殘磚一塊，其文曰

第八章　考古釋疑

『永和右軍』。四字晉磚拓本純乎隸體，尚帶篆意，距楷尚遠。此為當時造城磚者所書，可見東晉世間字型大類如此。唐太宗所得〈蘭亭序〉恐是梁陳時人所書。」李文田乾脆在舊藏定武本之後題跋稱：「唐人稱〈蘭亭〉，自劉悚《隋唐嘉話》始矣。嗣此何延之撰〈蘭亭記〉，述蕭翼賺〈蘭亭〉事如目睹，今此記在《太平廣記》中。第鄙意以為定武石刻未必晉人書，以今見晉碑，皆未能有此一種筆意，此南朝梁、陳以後之跡也。」李文田最後斷定：「故世無右軍書則已，苟或有之，必其與〈爨寶子〉、〈爨龍顏〉相近而後可。」即王羲之的書體只能與流傳下來最有名的晉代碑刻〈爨龍顏碑〉和〈爨寶子〉相類似。

　　……

　　一九六五年，即王興之墓出土石刻墓誌這年，對古文及古文字有極深造詣的郭沫若，在結合以上古人的見解上，又根據考古成就，提出結論：〈蘭亭集序〉帖並不是王羲之的作品，而是出自智永和尚之手。

　　另外，以現在的眼光看，從藝術角度來說，〈蘭亭集序〉乃是書、文雙絕。即書法一流，文章一流 —— 其書法地位不再贅言，其文已收入《古文觀止》，其文學造詣之高，可見一斑。但就是這樣一篇上乘佳作，南齊昭明太子蕭統編《昭明文選》居然不錄，這事該怎麼解釋呢？

　　比較合理的推測，就是它是南梁以後的文人在王羲之原稿之上的加工之作。

　　首先，王羲之的〈蘭亭集序〉和西晉富豪石崇所寫的〈金谷詩序〉是同一類東西，字數相當，敘述如出一轍。

　　《世說新語・企羨十六》稱「王右軍得人以〈蘭亭集序〉方〈金谷詩序〉，又以己敵石崇，甚有欣色」，即王羲之作〈蘭亭集序〉，有人拿之與

〈蘭亭集序〉─王羲之作品之說存疑，一墓碑出土，爭論又起

石崇的〈金谷詩序〉相提並論，王羲之非常高興。

石崇〈金谷詩序〉：余以元康六年，從太僕卿出為使持節監青、徐諸軍事、征虜將軍。有別廬在河南縣界金谷澗中，去城十里，或高或下，有清泉茂林，眾果、竹、柏、藥草之屬，莫不畢備。又有水碓、魚池、土窟，其為娛目歡心之物備矣。時征西大將軍祭酒王詡當還長安，余與眾賢共送往澗中，晝夜遊宴，屢遷其坐，或登高臨下，或列坐水濱。時琴、瑟、笙、築，合載車中，道路並作；及住，令與鼓吹遞奏。遂各賦詩以敘中懷，或不能者，罰酒三斗。感性命之不永，懼凋落之無期，故具列時人官號、姓名、年紀，又寫詩著後。後之好事者，其覽之哉！凡三十人，吳王師、議郎關中侯、始平武功蘇紹，字世嗣，年五十，為首。

王羲之的〈蘭亭集序〉：永和九年，歲在癸丑，暮春之初，會於會稽山陰之蘭亭，修禊事也。群賢畢至，少長咸集。此地有崇山峻嶺，茂林修竹，又有清流激湍，映帶左右，引以為流觴曲水，列坐其次。雖無絲竹管絃之盛，一觴一詠，亦足以暢敘幽情矣。是日也，天朗氣清，惠風和暢。娛目騁懷，信可樂也。

故列敘時人，錄其所述。右將軍司馬太原孫丞公等二十六人，賦詩如左。前餘姚令會稽謝勝等十五人，不能賦詩，罰酒各三斗。

但是，現在傳世的書法〈蘭亭集序〉帖卻於「亦足以暢敘幽情」之後的文字，另外多出了「仰觀宇宙之大，俯察品類之盛，所以遊目騁懷，足以極視聽之娛，信可樂也。夫人之相與，俯仰一世。或取諸懷抱……」一大段抒情文字。

實際上，〈蘭亭集序〉能成為傳世佳文，能收入《古文觀止》，就是因為後來這一大段文字使原文有了靈魂，提高了品格。

第八章　考古釋疑

　　那麼，南齊昭明太子蕭統編《昭明文選》不錄〈蘭亭集序〉原作的緣由，就非常明顯了。

　　可見從王羲之真跡到後世所見的〈蘭亭集序〉帖，為後人動了手腳，增刪文字也是顯而易見的。

　　即無論從書法角度還是從文學角度看，「天下第一行書」〈蘭亭集序〉帖是否出自王羲之之手，真不好說。

〈蘭亭集序〉──王羲之作品之說存疑，一墓碑出土，爭論又起

笑談大晉百年史：

荒唐帝王 × 清談浮風 × 南北對峙 × 門閥興衰，從奢靡王朝到衣冠南渡，一個時代的壯麗與悲涼

作　　　者：	覃仕勇
責 任 編 輯：	高惠娟
發　行　人：	黃振庭
出　版　者：	崧燁文化事業有限公司
發　行　者：	崧燁文化事業有限公司
E ‐ m a i l：	sonbookservice@gmail.com
粉　絲　頁：	https://www.facebook.com/sonbookss/
網　　　址：	https://sonbook.net/
地　　　址：	台北市中正區重慶南路一段 61 號 8 樓 8F., No.61, Sec. 1, Chongqing S. Rd., Zhongzheng Dist., Taipei City 100, Taiwan
電　　　話：	(02)2370-3310
傳　　　真：	(02)2388-1990
印　　　刷：	京峯數位服務有限公司
律 師 顧 問：	廣華律師事務所 張珮琦律師

-版 權 聲 明

本書版權為樂律文化所有授權崧燁文化事業有限公司獨家發行電子書及紙本書。若有其他相關權利及授權需求請與本公司聯繫。未經書面許可，不得複製、發行。

定　　　價：375 元
發行日期：2024 年 12 月第一版
◎本書以 POD 印製
Design Assets from Freepik.com

國家圖書館出版品預行編目資料

笑談大晉百年史：荒唐帝王 × 清談浮風 × 南北對峙 × 門閥興衰，從奢靡王朝到衣冠南渡，一個時代的壯麗與悲涼 / 覃仕勇 著 . -- 第一版 . -- 臺北市：崧燁文化事業有限公司，2024.12
面；　公分
POD 版
ISBN 978-626-416-174-9(平裝)
1.CST: 晉史 2.CST: 通俗史話
623.1　　113018345

電子書購買

爽讀 APP　　臉書